亲亲孩子谈谈性

73个常见性教育问题就这么回答

胡　萍 / 著　　熊　顿 / 绘

江苏凤凰科学技术出版社

· 南京 ·

图书在版编目（CIP）数据

亲亲孩子谈谈性 / 胡萍著；熊顿绘 . — 南京 : 江苏凤凰科学技术出版社，2021.8
ISBN 978-7-5713-1982-3

Ⅰ . ①亲… Ⅱ . ①胡… ②熊… Ⅲ . ①性教育—儿童教育—家庭教育 Ⅳ . ① G479 ② G78

中国版本图书馆 CIP 数据核字 (2021) 第 106113 号

亲亲孩子谈谈性

著　　者	胡　萍
绘　　者	熊　顿
责任编辑	李莹肖　汪玲娟
责任校对	仲　敏
责任监制	刘文洋
出版发行	江苏凤凰科学技术出版社
出版社地址	南京市湖南路 1 号 A 楼，邮编：210009
出版社网址	http://www.pspress.cn
印　　刷	南京海兴印务有限公司
开　　本	718 mm × 1000 mm 1/16
印　　张	14
字　　数	100 000
版　　次	2021 年 8 月第 1 版
印　　次	2021 年 8 月第 1 次印刷
标准书号	ISBN 978-7-5713-1982-3
定　　价	49.80 元

再版序言

让儿童性健康教育走进每个家庭

在我心中，本书的两位创作者都是当代的奇女子。

熊顿自不必说，漫画 & 影片《滚蛋吧！肿瘤君》早已把她笑对病魔的乐观精神带到全球各地。尽管她的微博现在空无一言，但是依然有 29 万粉丝如我一样，永远不舍得取关。

影片《滚蛋吧！肿瘤君》里有一句台词：“谁都是要死的，在死之前，给这个世界留下点是什么，是活着最大的意义。”那么她在病中所画的这本小书，就是她悄悄留给小朋友们的最后一份礼物吧。

非常可惜的是，这本书在 2013 年首次出版的时候少有人问津，很多人甚至并不知道熊顿还参与创作过这部作品。

将本书再版一直是胡萍老师的愿望。这些年来，胡萍老师的每分每秒都花在了儿童性健康教育的普及工作上，到全国 100 多座城市讲课，出版了《善解童贞》《“我”系列儿童性健康教育绘本》《成长与性》等 20 多本书，还培训出一批儿童性健康教育导师。

甚至在 2021 年 6 月 1 日正式实施《未成年人保护法》之前，她就出版了《善解童真：小学生性健康教育读本》（共6册）。我还记得她看到新闻后，兴奋地打电话给我："你看到了吗？《未成年人保护法》终于将性健康教育写入法律了，你看看第四十条，明确规定：'学校、幼儿园应当对未成年人开展适合其年龄的性健康教育，提高未成年人防范性侵害、性骚扰的自我保护意识和能力。'我们做的事情终于要得到更多人的支持了！"

原本可以做一名医生的胡萍老师，为什么要去研究很多年里都不被大众理解与接受的儿童性健康教育呢？这其中的故事，俨然就是一部《中国儿童性健康教育史》！

她毕业于重庆医科大学，做了几年儿科医生，然后遇到温文尔雅的孟爸，就结婚、生子。如果日子就这么过下去，也许胡萍老师现在已经是一位德高望重、经验丰富的儿科专家了。然而儿子3岁那年发生的一件事，让胡萍老师的人生使命全然不同了。

事情也很简单，某一天，儿子突然问她："妈妈，我是从哪里来的？"

胡萍老师突然愣住了，怎么回答才好呢？那个时代很多父母都会用"从垃圾堆里捡来的""石头里蹦出来的""河里捞上来的"等回答来敷衍孩子，但是胡萍老师觉得这是对宝贵生命的亵渎，于是对儿子说："你长大就知道了。"

可是儿子不依不饶地从3岁问到6岁，胡萍老师无奈之下就找来解剖教材，给儿子讲解了生命产生的过程，儿子听完就去玩别的了。这时胡萍老师恍然大悟：原来儿子只想知道自己生命的来源，并不是对成年人的性生活感兴趣啊！原来成年人之所以总是感到尴尬，其实是想多了。

儿子上小学后，胡萍成了儿子学校的校医。因为一个学生家长的性健康教育问题，她在学校开设了一堂青春期教育的课程，反响非常热烈。

不久以后，胡萍老师决定辞职，正式开始性健康教育研究之路——一方面自己看书，一方面去华西医科大学学习心理学课程。

胡萍老师说，儿童性健康教育好像是上天给予她的一个使命，只要想去做，上天就一定会帮她创造机会和条件。事实还真是如此，胡萍老师不仅得到孟爸物质上和精神上始终如一的支持，还得到了儿童教育专家李跃儿的鼓励，在她的芭学园里做了两年研究，收集到许多一手资料。

我与胡老师的缘分，是从2009年开始的。那时我在北京一家出版机构工作，上班第一天事情不多，同事递给我一部书稿，让我帮忙审读。可是看完第一页，我就面红心跳，不好意思再看下去，心想："书里小朋友的那些案例都是真实的吗？读起来太难为情了！"

几个月后，那本书不仅出版了，而且5万册销售一空！它就是《善解童贞：决定孩子一生幸福的性健康教育》。要知道，十几年前大众普遍还没有性健康教育的观念，成年人也只能靠自学成才，何况是儿童呢？谁敢把"性"这个字与纯洁无瑕的儿童联系在一起，简直就是十恶不赦的臭流氓。这个领域的研究几乎还是一片荒原，可以想见胡萍老师这20年里，经受了多少难以言说的辛酸。

作为胡萍老师大部分代表作品的图书编辑，因为这本书与熊顿、胡萍两位伟大的女性结缘我深感荣幸。如今《亲亲孩子谈谈性》再版在即，而胡萍老师又大病初愈，尚在休养中，于是嘱我作序。我哪有什么资格作序？谨以此文祝福胡萍老师早日康复，祝儿童性健康教育早日走进每个中国家庭！

本书编辑　李莹肖

怀念熊顿

在研究儿童性心理的过程中，我收集了很多故事，每每看到故事里的孩子无忌的童言让父母尴尬不已，我都会忍不住笑起来。于是，我便有了一个心愿——一定要把这些故事变成漫画书，让更多的人在看着故事会心一笑时，能了解孩子的性心理发展轨迹，帮助孩子完成性发展的任务。我一直等待着这样的机会。

直到 2011 年，北京凤凰雪漫文化有限公司给了我这样的机会。当我们决定把这些故事变成漫画之后，找到满意的画手成了我们最大的难题。凤凰雪漫编辑部给我推荐了很多画手，同时我自己也通过朋友介绍找寻着合适的画手。经历了 4 个月左右的时间，最后，那些出自熊顿画笔下的幽默诙谐的漫画吸引了我，我们决定与熊顿合作。

第一次与熊顿通电话是在 2011 年的年底，那个时候她已经患病了，但是病情比较稳定。她的声音真好听啊，从声音里我判断这是一个漂亮的女孩。我们在电话里讲述了各自的经历和对这部作品的期望，对这部作品的绘画达成了一致的意见。2011 年 11 月 27 日我们签订了合同，工作就此展开，准备2012年4月出版我们的书。

然而，熊顿的病情此时开始出现波动，身患淋巴瘤的她经常要进行化疗，化疗导致手臂疼痛使她无法工作。每次通话时，熊顿都对没有按时完成工作任务向我表示歉意。我告诉她不要着急画稿，身体能够承受的时候再进行工作。后来，我担心我的电话会让她紧张，便不敢再给她打电话了，只是通过凤凰雪漫的编辑了解她的身体状况。这期间我两次去北京，都没有去看望熊顿。我担心自己的出现会让她产生催画稿的感觉，给她带来压力，索性就不去打搅她了，想等画稿完成后再去看她。到时候我们就可以聚在一起欢庆新书的出版。

有一天晚上，我从中央电视台《新闻周刊》栏目中看到了熊顿的照片。她在大街上接听电话，微笑着，脸上有两个小酒窝。果然如我从她的声音所判断的那样，她是那么漂亮！她把自己抗击癌症的生活画成了漫画放到网上，这些漫画传递着她面对癌症时的勇敢和乐观，得到了很多网友的支持。终于，她成为那期《新闻周刊》栏目的周刊人物。我立即拨通熊顿的电话，电话那头的声音欢快明亮。我对熊顿说："你好漂亮啊，没有想到我第一次看见你是电视节目里的照片啊！哈哈。"她回应我："我也是从您的博客上看到您的照片的，哈哈！"我们约定，下次我到北京讲课的时候，我们一定要见面！

熊顿用漫画记录着自己抗击癌症的生活，那些诙谐幽默、笑中带泪的漫画最后集结成了她的新书《滚蛋吧！肿瘤君》。我看到新书的出版，为她高兴的同时，也认为她的身体应该恢复得不错。2012年10月我到北京讲课，依然没有去见熊顿，总想着还有时间。11月初我收到编辑部给我发来的部分画稿，非常高兴，立即给熊顿打电话表示感谢。在问到她的身体情况时，她告诉我正在医院里，情况不是很乐观，发现了新的转移病灶。我安慰她不要着急画剩下的画稿，安心进行这个阶段的治疗。现在我才知道，这些画稿是在她身体非常虚弱的情况下完成的。

收到画稿一周后，想到她的病情有变化，我再次与她联系。然而，这次联系只能通过短信，因为肺泡炎让她完全不能讲话了。我想，她一定会像以前那样闯关取胜，内心宽慰着自己，“她会好起来的”，总想着我们合作的书出版后，就可以在一起庆祝了。

2012年11月16日，熊顿永远离开了这个世界，这让我们见面的约定格在了一个空白的愿望上！

在本书出版之际，我觉得很遗憾，后悔之念也时时侵扰我的心灵。我后悔没有早一点儿去看她，后悔没有和她有一个拥抱，后悔没有与她有一张合影，后悔没有把她的手握在我的手心里……我在网上反复看鲁豫访谈熊顿的那一期节目，节目里熊顿谈笑着，我却泪流满面……终于明白，有一些事情，有一些人，不能等！

胡　萍

2012年12月12日于昆明

目录

第四章 你不可以摸我

隐私教育要趁早

第五章 尿裤子与憋大便

肛欲期的性健康教育

第六章 翘起来的“小鸡鸡”

孩子的性感觉

第七章 长大以后

幼儿对性别角色的认知

第八章 我要和爸爸（妈妈）结婚

帮孩子度过恋父恋母期

第九章 幼儿园里的小小恋人

尊重孩子的“爱情”

第十章 咦，这是什么

巧妙应对那些让爸爸妈妈尴尬的时刻

第一章

我从哪里来

教孩子认识生命的起源

1.1　我们去找亲妈妈吧

妈妈，我是从哪里来的呀？
你是从垃圾堆里捡来的！
垃圾
琪琪也是从垃圾堆里捡来的吗？
琪琪是从河里捞起来的。
琪琪，我的亲妈妈把我扔在垃圾堆，现在的妈妈把我捡回了家！
真的吗？
真的，你是从河里捞上来的！我妈妈跟我说的。
我知道了！
那个捡垃圾的女人也许是我的亲妈妈！
……
我们离家出走吧，找我们的亲妈妈去！
好！

3 岁左右的小孩子就开始了对自己生命来源的探索，他们会问父母："我从哪里来？"随着年龄的增加，以及对这个问题的深入思考，他们会不断地提出让我们感到尴尬的问题。在"谈性色变"的文化环境里，父母经常不顾及孩子的感受和心理特点而 欺骗孩子，在回答孩子"我从哪里来"这个问题上尤其如此。

其实，孩子也许已经从隔壁怀孕的阿姨那里推断出："我应该是从一个女人的肚子里生出来的，这个女人才是我的亲生母亲。"

妈妈对嘟嘟说谎，说嘟嘟是从垃圾堆里捡来的，琪琪是从河里捞上来的，这会让他们产生一种被抛弃的感觉，认为现在的爸爸妈妈也会像他们的亲生父母一样抛弃他们。孩子的安全感容易遭到破坏，甚至找不到生命的归属感。孩子一旦知道爸爸妈妈欺骗了自己，他们心目中父母的神圣感和可靠性会一起失去，孩子也会像父母一样开始说谎。

1.2 爸爸的"种子"变成了美人鱼

我知道了！其他种子跑到海里都变成了美人鱼！

那我跑进妈妈的肚子里时，有没有和其他种子说再见？
……

在回答孩子关于生命起源的问题时，有一个重要原则：答案要符合孩子的年龄认知。父母给予孩子的答案要简单明了，符合孩子的认知程度，让孩子能够听得明白。父母回答完孩子的提问后，是否继续讲解，取决于孩子是否继续发问。如果孩子对父母的答案已经感到满意，父母就没有必要继续深入地讲解，否则，就超越了孩子的认知范围。

科学地回答孩子的问题，不仅仅是指答案要具有科学性，还指答案要符合孩子的认知发展。父母在回答孩子有关性的问题时，在不失科学原则的基础上，能够注重人文性，才是智慧的答案。

在解答琪琪“那其他的种子呢？”这个问题时，爸爸没有死板地用科学知识回答琪琪说“其他种子都死了”，而是在不破坏孩子对生命美好认知的基础上，用琪琪听得懂的语言告诉她，“其他种子都到大海里去了”。琪琪则立即想象到这些种子变成了美人鱼，自由自在地在海底遨游，这是多么美妙的画面啊！

孩子的想象力无比丰富，有些时候我们会感觉难以招架，此时，顺着孩子的话题回应“是的”“嗯”“有可能吧”，是比较好的选择。

1.3 爸爸，给我看看你的种子

父母应该尊重孩子的好奇心，孩子有了解自己和人类生命现象的权利。父母对孩子的提问应做到有问必答，不可以回避和转移孩子的话题，否则会让他们感觉到性话题的神秘性，反而激起他们探索的欲望。

如果孩子得不到满意的答案，他们就会纠结其中，要么坚持不懈地向父母索要这个问题的答案，要么通过网络和同伴自行探索，如此父母就失去了对孩子了解性信息的掌控权，也失去了与孩子交流性话题的契机。

对于 6 岁前的孩子，父母不要主动给孩子讲解更多的性知识，在孩子提出问题后，我们针对问题进行回答即可。

在这个故事里，爸爸没有欺骗和敷衍琪琪，他如实地告诉琪琪精子是透明的，肉眼不能看到。爸爸的聪明之处在于“有问才答”，只回答琪琪提出的问题，没有给琪琪讲解有关精子的其他知识。这样不但解决了琪琪当下的困惑，也避免给琪琪带来新的疑惑。

孩子问什么，父母就回答什么。简单明了地回答，以解决孩子当下的困惑，答案既不敷衍孩子，又不会给孩子带来新的疑惑，这就是“刚刚好”的回答。

1.4 压个精子出来喂妈妈

遇到这样的情况，父母可以一笑了之，不需要为孩子的语言和行为担忧，但是父母要意识到，孩子已经在开始探索生命的起源了。随着年龄的增长，孩子的思维能力也在不断发展，孩子会提出更多与性有关的问题，父母要做好幼儿性健康教育知识的储备，时刻准备着应对孩子提出的各种性问题。

每个妈妈对孩子问题的回答都有自己的方式，应根据孩子的认知能力和家庭的文化背景，采用不一样的方式帮助孩子。我们没有一个标准的答案来应对孩子“千姿百态”的问题，但我们有一个永恒不变的原则，那就是不可以欺骗孩子，不可以因为孩子提出这样的问题而打骂孩子。

针对孩子的提问，父母要用孩子理解的方式和语言告诉孩子真相。在我们无法把握对孩子的尴尬行为施以什么样的教育才合适的时候，先解开孩子当下的疑惑，暂且不要跟孩子再深入解释。

让孩子完全理解自己生命的来源，是一场马拉松式的问与答。父母需要做好准备，耐心等待孩子的成长。

1.5 精子和卵子是如何相遇的呢

那是不是你们亲嘴，精子就从你嘴巴里进到肚子里了？
啵！
啵！
也不是啊！
是屁股对屁股尿尿，就把精子传过去了，是“小鸡鸡”传过去的吗？
精子是从生命通道进去的！
是不是爸爸从生命通道爬进你的肚子里，把精子放到那里，然后又从生命通道里爬出来了？
卵
精
我的神啊，真想一头撞墙上晕了算了！

5~6 岁的孩子对自己生命的起源充满了想象，在没有得到令他们认可的答案之前，他们会努力搞清楚精子和卵子到底是怎么结合在一起的。父母只有根据孩子的提问，给予令他们信服的答案，他们才肯放过父母。

其实，关于精子和卵子的结合方式，琪琪心里已经有了答案，爸爸只需回答“是的”，然后再观察琪琪是否继续提问。如果琪琪在爸爸那儿证实了自己“肚脐贴肚脐，精子和卵子就相遇了”的假设，可能就不会继续发问了。

嘟嘟对于精子与卵子的结合方式提出各种猜想，只是想让妈妈证实自己的猜想是否正确。面对嘟嘟的提问，妈妈可以直接回答“是的”，然后观察嘟嘟是否继续追问。如果嘟嘟不再追问，妈妈要告诉他：“这个是我们的秘密，不可以告诉其他人。”

嘟嘟的“屁股对屁股尿尿，就把精子传过去了”，这个说法虽然是错误的，但是妈妈不需要纠正。因为如果要纠正孩子的这个错误，妈妈就要给嘟嘟讲解输卵管和输精管的工作原理，这对嘟嘟现有的认知能力而言有点深奥，不如当嘟嘟长大一些，具备相应的认知能力时，妈妈再通过相关书籍与嘟嘟讨论这个问题。

你做对了吗

“妈妈，我从哪里来？”几乎每个妈妈都会被孩子问到这个问题。我在做儿童性健康教育研究时发现，有近 80% 的父母告诉孩子，“你是从垃圾堆里捡来的”“你是从河里捞起来的”“你是从超市买来的”“你是从天上掉下来的”“你是外星球飘来的”等不真实的答案。

现在，越来越多的父母不想欺骗孩子，他们会认真地告诉孩子：“你是爸爸的精子和妈妈的卵子结合而来的。”可是，接下来孩子提出的问题却让他们傻眼了——“精子在爸爸的身体里，卵子在妈妈的身体里，它们是怎么相遇的？”

和大多数孩子一样，我儿子在 3 岁时开始探究生命的来源，下面是发生在我和儿子间的故事。

儿子问：“妈妈，我从哪里来？”

我回答：“你是从妈妈肚子里出来的。”

儿子没有继续发问，似乎对这个答案很满意，我也没有继续讲解。

儿子 4 岁的时候突然问道：“妈妈，我是从你肚子的哪个地方生出来的？”

我是剖宫产，于是我亮出肚子上的疤痕告诉儿子：“你是从妈妈这里出来的。医生在妈妈的肚子上划了个小口子把你取了出来，然后把妈妈的伤口缝好，所以这里有个疤痕。”儿子没有接着问，我也没有继续讲解。

此后的一段时间，每天晚上陪他睡觉的时候，他都会摸摸我肚子上的疤痕，自言自语道："我是从这里生出来的。"

儿子5岁的时候，问题升级了，他问我："妈妈，我是从你肚子里生出来的，那我是怎么进到你的肚子里去的呢？"

我一阵心慌，儿子终于将我最怕回答的问题提了出来，而且我还没有做好回答的准备！我只好对他说："这个问题比较复杂，等你长大了妈妈再告诉你。"

儿子6岁的时候又问我："妈妈，我现在已经长大了，你告诉我，我是怎么进到你肚子里的吧！"

我决定告诉孩子真相。我决定从生殖器的基本结构和功能讲起。当时没有适合儿童的性健康教育绘本，我只好找出大学时用的医学解剖书，翻到男女生殖器的图，回答儿子的问题。

我指着书上的男女生殖器图说："这是爸爸的生殖器官，这是妈妈的生殖器官。"

儿子问："妈妈，什么是生殖器官？"

我说："就是生孩子的器官。我们身体的每一个器官都有用处。我们的眼睛是用来干什么的呢？"

儿子说："用来看东西的。"

我问："鼻子呢？"

儿子说："用来呼吸的。"

我解释说："生殖器官就是用来生孩子的。爸爸和妈妈的身体上都有生孩子的器官。爸爸的生殖器官里有精子，妈妈的生殖器官里有卵子，爸爸把精子种到妈妈的身体里，精子和卵子结合在一起，就成了你的生命。然后你开始在妈妈的肚子里慢慢长大，当妈妈的肚子装不下你时，你就生出来了。”我一口气说完这些，暗自祈祷儿子就此打住，不要再往下问。

“那爸爸的种子是怎么种到妈妈的身体里的呢？”儿子终于把我逼到了绝路上！

我心跳加速，但故作平静地举着两个拳头比画着说：“你看，精子在爸爸的生殖器官里，卵子在妈妈的生殖器官里，爸爸和妈妈的生殖器官碰在一起，种子就种进去了呗！”

儿子眼里的迷惑消除了，说道：“原来是这么回事啊，你早告诉我不就得了吗？”

我放下拳头，如释重负——终于把这个谜团清楚地给孩子讲解了。

儿子愉快地起身离开，从此不再问这个问题了。

在回答儿子“我从哪里来”这个问题的过程中，我经历了儿子不同年龄阶段的提问，总结出父母回答孩子有关性提问时需要把握的几个原则：

原则一，有问必答。

父母应当尊重孩子了解自己生命的权利，对孩子的提问做到有问必答。回避或敷衍孩子的问题，会让孩子察觉到性话题的神秘性，反而激起他们的探索欲望。

孩子得不到满意的答案，会一直纠结下去，他们要么固执地向父母索要答案，要么通过网络自行了解，要么和小伙伴们一起共同探索。后两种方式会让父母无法知晓孩子到底了解了哪些性信息，同时也失去了与孩子交流性话题的契机。

原则二，有问才答。

对于 6 岁前的孩子，父母不要主动给孩子讲解性知识，在孩子提出问题后再针对问题进行解答。

原则三，答案要符合孩子的认知水平。

父母给予孩子的答案要简单明了，符合孩子的认知水平。答案中如果出现孩子无法理解的词语，就会导致他前一个疑惑没有得到解答又产生了新的疑惑，父母越讲解，孩子越听不明白。妈妈对嘟嘟说“精子是通过生命通道进去的”，这要比“精子是通过阴道进去的”更容易被孩子理解。

原则四，答案以解决孩子当下的疑惑为目的。

孩子问什么，父母就回答什么，告诉孩子事实，以解决孩子当下的困惑为目的。父母回答完孩子的问题后，是否深入讲解取决于孩子是否继续发问。孩子听完父母的解答没有继续发问，说明他对这个答案感到满意。孩子对这个问题的理解到此为止，父母不必继续讲解。

原则五，不主动向孩子讲解两性活动的细节。

孩子问到精子、卵子结合的细节，说明孩子已经探索到了这个问题，父母可以坦然而简单地回答“是”或者“不是”，不要过多地给孩子提供两性活动的细节，以免引起孩子的好奇而进行超过目前年龄的性探索，从而不利于孩子的心理发展。

原则六，回答孩子问题的态度比内容重要。

就像回答孩子提出的其他问题一样，父母坦然地回答孩子提出的性问题，孩子就会认为这个话题与其他话题一样平常，自然不会给予特别关注了。父母坦然的态度，可以获得孩子的尊重和信赖，有利于搭建父母与孩子沟通性话题的平台。

原则七，不用成人的性语言回答孩子的提问。

在回答孩子提出的性问题时，父母不要使用“性交”“做爱”“性生活”

等成人的性语言。孩子不明白这类语言，他们会接着问什么是性交，什么是做爱等，这会让父母陷入困境。父母可以用“生殖器接触”向孩子解释精子与卵子结合的方式。

原则八，答案尽量减少或避免与传统文化发生冲突。

在“谈性色变”的文化环境里，与孩子谈论性话题时，父母需要向孩子强调性话题的隐私性。

父母回答完孩子提出的问题后，告诉孩子：“这些话题是隐私的，是秘密的，你可以在家里和爸爸妈妈讨论，但不要与小朋友或者其他人讨论。”这么做是为了避免孩子因谈论性话题遭到他人的误解和攻击。如果孩子与小朋友谈论性话题遭到误解，父母要保护孩子，并再次强调性话题的私密性。

原则九，耐心等待孩子的成长。

父母需要做好性健康教育知识储备，耐心等待孩子的成长，随时准备回答孩子提出的各种有关性的问题。

让孩子完全理解生命的来源，是一场马拉松式的问与答。

一般来说，孩子在 3 岁左右就会提出“我从哪里来”这一类问题，5~6 岁时提问“精子与卵子是怎么结合的”，到 10 岁左右，孩子会提问“男女的生殖器如何接触，精子才能进入女性的身体里”。父母不需要也不可以在孩子 3 岁时提问“我从哪里来”时，就告诉孩子男女的生殖器的接触方式。

向孩子传递健康科学的性价值观是性健康教育的核心，只要父母把握好这些原则，在回答孩子的性问题时就不会出现方向性的错误。

第二章

我要看，我要看

满足孩子对身体的好奇心

2.1　爸爸，我给你抬着“小鸡鸡”

琪琪并不是真的想帮爸爸抬着“小鸡鸡”尿尿，她只想了解一下爸爸的“小鸡鸡”。爸爸可以拒绝琪琪抬“小鸡鸡”的要求，但应当坦然地让琪琪看一看“小鸡鸡”，如果琪琪要求摸一下，爸爸应尽量满足琪琪的这一要求。

爸爸把琪琪轰出洗手间，琪琪因探索欲望没有得到满足，会继续寻找机会了解成年男性的生殖器，比如她会要求和爸爸一起洗澡，或者看爸爸洗澡。

如果爸爸拒绝琪琪的要求，不仅延长了琪琪探索成年男性生殖器的阶段，还会导致琪琪陷入潜在性伤害的危险中——琪琪对成年男性生殖器的探索欲望无法在爸爸那里得到满足，从而有可能在其他成年男性身体上寻找机会。比如，琪琪故意触摸其他成年男性的生殖器，或者成年男性利用琪琪对男性生殖器的好奇伤害琪琪。

女孩从爸爸那里得到的有关男性生殖器的认知，是健康的、无害的、安全的。为了女儿不因对成年男性生殖器好奇而受到性伤害，爸爸应克服心理障碍满足女儿的探索欲望。

2.2 爸爸，我要看你洗澡

爸爸，我要跟你洗澡！你早就答应我的！
你是女孩啊！应该跟妈妈一起洗！
不行！你都能跟哥哥一起洗澡，为什么就不跟我洗澡？
哎呀！好吧好吧！
天气太冷了，两人一块洗，容易感冒！
爸爸骗人！这不叫洗澡！
好吧，就这一次！
现在不让他看你的身体，难道你想让她以后去男厕所偷看？
脱裤子！洗澡！
我要看前面！
啊！那是什么，还长了头发？
呃……

在许多家庭里，父母认为让孩子看见自己的裸体很尴尬，从不在孩子面前裸体，不与孩子进洗手间、一起洗澡，这都是不正确的。孩子想看父亲和母亲的身体，唯一的目的就是想了解自己，即通过对比他人的身体了解自己的身体。如果父母不配合孩子发展的需求，孩子就会寻找机会来满足自己的内在需求：偷看父母、看其他小朋友的身体。

对于6岁前的孩子，妈妈应当先满足孩子看身体的欲望。如果孩子需要看外公外婆的身体，老人也应该配合，在满足孩子这个心理需要之后，妈妈再给孩子建构尊重他人隐私的意识。

对于孩子提到的尴尬问题："啊！那是什么，还长了头发？"爸爸妈妈可以坦然地回答孩子："大人这个地方都会长出像头发一样的毛毛，你长大了也会有。"这样的答案简单易懂，符合孩子的认知水平。

在回答孩子有关性的提问时，简单、真实、符合孩子认知水平的答案，不仅能让爸爸妈妈免于尴尬，还可以避免孩子就该问题纠结下去，从而产生新的疑惑。

2.3 爸爸的“小鸡鸡”长胡子啦

英国性心理学大师哈夫洛克·霭理士认为：孩子对裸体的认识越早获得越好。如果孩子从小没有自然地了解成人的身体，当他突然看到，会引起他的异常心理反应。

嘟嘟在公共澡堂看到了爸爸的阴毛，他好奇爸爸的“小鸡鸡”为什么会长出“胡子”。当嘟嘟提出疑问时，爸爸可以小声地告诉嘟嘟：“等你长大后也会和爸爸一样，‘小鸡鸡’也会长出毛毛来。以后我们小声地说这件事情，好吗？”这样回答的智慧之处在于：简单地解答了嘟嘟的疑问；嘟嘟的疑惑得到解答，他觉得自己得到了尊重，从而更加信任爸爸；嘟嘟还懂得了讨论性话题的界限。

当孩子在公共场所突然提及与性有关的话题时，父母不要紧张，只需平静地蹲下来，小声地告诉孩子：“我们小声讨论这个话题吧，不要让其他人听见。”

如果父母不能及时解答孩子的疑惑，可以小声地告诉孩子：“这个问题我们回家再讨论吧。”

回到家里后，父母一定要给予孩子答复，不能搪塞和欺骗孩子，更不能打骂孩子。

2.4 妈妈，我的“小鸡鸡”有一条缝儿

嘟嘟在妈妈洗澡时问妈妈的“小鸡鸡”是否和他的“小鸡鸡”一样下面有个缝儿，这是他在间接表达自己想看妈妈的身体的愿意。

孩子在 6 岁前处于自我认知的心理发展阶段，很想了解自己的身体与别人的身体有何不同。故事里，嘟嘟想对比一下自己和妈妈的身体，妈妈没有满足嘟嘟的要求，嘟嘟很可能会寻找各种机会了解妈妈的身体，例如直接要求看妈妈洗澡，或从卫生间的门缝偷看妈妈洗澡……所以，妈妈应当满足嘟嘟了解妈妈身体的愿望，因为这是幼儿自我认知心理发展的正常需求。

所以，当孩子提出要看妈妈身体的时候，妈妈要坦然地满足孩子的要求，并回答孩子提出的全部问题，消除孩子对妈妈的生殖器的好奇心。

如果父母的确做不到在孩子面前暴露自己的身体，可以用图文并茂的儿童性健康教育读本，帮助孩子通过图片来了解成人的身体。父母要与孩子一起做亲子阅读交流，解除孩子对男女有关身体及性器官的所有疑惑，同时也对孩子进行保护身体隐私和尊重他人隐私的教育。

2.5 妈妈，我想看你的“小鸡鸡”

妈妈可以直接告诉嘟嘟：“妈妈也用‘小鸡鸡’尿尿，不过妈妈的‘小鸡鸡’和你的‘小鸡鸡’有些不一样，妈妈是女的，你是男的，男的‘小鸡鸡’和女的‘小鸡鸡’不一样。”这种回答嘟嘟很容易理解，妈妈不必用专业的术语“尿道”来回答孩子的问题。如果妈妈提到了尿道，孩子又会对尿道感兴趣了，这就让妈妈陷入了新的困境。

对于 3 岁的孩子来说，如果孩子提出来要看妈妈的“小鸡鸡”，妈妈可以利用与孩子一起洗澡的机会，或者制造机会让孩子看到自己的身体，他们的疑惑就解决了。

2.6 妈妈，你的乳房还有牛奶吗

妈妈，你的乳房
里还有牛奶吗？
没有啦，你们小时候
吃完了！

好了，不许
问了！睡觉！
哎呀妈呀，
累死我了！

4 岁左右的孩子会对妈妈的乳房产生浓厚的兴趣，他们要求看、摸或吸吮妈妈的乳房。此时，孩子会提出各种问题："我想知道你的胸部为什么大？""为什么爸爸的胸部和妈妈的不一样？"……他们会故意用手触碰妈妈的胸部，用眼睛偷偷看妈妈的胸部。

当妈妈遇到这样的情况时，请自然平静地回答孩子的问题，告诉孩子想知道的关于乳房的一切。当孩子了解到乳房的真相以后，他们就不再好奇了，会将兴趣转移到其他事物上。如果没有得到满足，他们对乳房的好奇就会持续下去。

在满足孩子了解乳房的同时，妈妈要给孩子建构隐私概念的基础，明确告诉孩子只能摸这一次，帮助孩子建构身体的界限。

2.7　我的屁股到底长什么样

来，我拍啦！
屁股不要扭啊！
啦啦啦！

好！我看清楚后
就删啦！
屁股是你的隐私，不要
让别人看到这张照片哦，
我们看完照片就删掉吧！

胡萍老师说

孩子很小就开始了对自己身体的探索，他们会用各种方式来探索自己的身体部位，包括自己的屁股，这是孩子对自己进行认知的重要发展过程。一个人的自我认知发展就是从探索自己的身体开始的。

孩子将自己的身体与他人的身体进行对比时，会认真观察了解自己的身体。嘟嘟对自己的屁股如此认真观察，说明嘟嘟对不清楚的事物非常执着，这是上天赋予嘟嘟的天赋，不是每个孩子都能够得到这份厚礼。父母应对孩子此类探索行为的原则：满足孩子的好奇心，同时教会孩子保护自己的身体。

这位妈妈的做法值得赞赏。第一，她支持嘟嘟认真地探究事物，尊重并满足了嘟嘟的好奇心；第二，她建议嘟嘟删掉照片，帮助嘟嘟建构隐私意识，是其他妈妈们学习的地方。

2.8 好玩的肚脐眼

他俩玩得挺好！

你的肚脐眼儿怎么是鼓鼓的？好难看！

在认知身体的阶段中，一些孩子会对成人身体的某一个部位非常感兴趣，肚脐眼便是孩子感兴趣的一个部位。当孩子出现对肚脐眼特别感兴趣的语言和行为时，父母可以耐心地解答孩子有关肚脐眼的疑问。如果孩子没有提出问题，只是喜欢说“肚脐眼”，父母就不必禁止孩子说这样的话，一段时间后，孩子自然会将兴趣转移到其他事物上，不再关注肚脐眼了。

如果父母在孩子对肚脐眼兴趣盎然的时候阻止孩子探索，回避孩子提出的有关肚脐眼的问题，或者当孩子说到“肚脐眼”时露出非常反感的表情，孩子则会继续热衷于对肚脐眼的探索。

故事里嘟嘟掀开其他小女孩的衣服时，两位妈妈都没有及时制止嘟嘟的行为，这是不对的。她们应当制止嘟嘟，告诉嘟嘟说：“你不可以掀开别人的衣服。”同时也告诉这个小女孩：“不可以让别人掀开你的衣服。”这是培养孩子建立人际界限、建立隐私意识的契机。

6 岁前，孩子还不懂得人际界限，当孩子出现不符合成人规则的行为时，父母要抓住这个契机帮助他们建构人际界限。这样的契机就是“教机”，父母应当好好把握“教机”，用孩子听得懂的语言帮助他们认知尊严、道德等人际交流的原则。

2.9 不一样的“小鸡鸡”

为什么我的“小鸡鸡”和别人的不一样?
人家的“小鸡鸡”
嘟嘟的“小鸡鸡”
什么?
妈妈！妈妈！你快来看呀！
“小鸡鸡”不见了！
“小鸡鸡”又回来了！
别玩了！
不见了！回来了！不见了！回来了！
去医院看看吧！
老公，咱们嘟嘟的“小鸡鸡”好像有点问题呢！

胡萍老师说

在幼儿时期，有的男孩的阴茎看起来很小，于是父母担心孩子的阴茎有问题。其实，父母这样的担忧是没有必要的。孩子的生殖器仍处在发育的过程中，男孩阴茎的大小是否正常，要到青春期后才能够做界定。青春期发育结束后，在没有勃起的情况下，阴茎有 4 厘米长就是正常的。嘟嘟的阴茎可以在包皮里自由伸缩，这是正常的，父母不用担心。

就像每个孩子的身高不同，有的孩子阴茎小一点，有的阴茎大一点，这与遗传因素有关，而与缺锌没有直接关系。如果父母实在担忧孩子的阴茎大小，可以到医院检查孩子的雄性激素，如果雄性激素水平是正常的，父母就安心等待孩子的成长吧。

如果孩子因自己的“小鸡鸡”比别人大或者小感到困惑，父母可以告诉孩子：“每个小朋友的小鸡鸡的大小都不一样，就像人的个头有高有矮。”

2.10 嘟嘟的“小鸡鸡”生病了

胡萍老师说

孩子“小鸡鸡”的清洁与卫生：

包茎是指包皮的前端开口太小，导致包皮不能够完全上翻至龟头顶端，龟头不能够完全露出的情况。

包茎的男孩由于包皮积存的尿垢，容易引发龟头处感染，出现龟头红肿、小便疼痛等症状，父母要及时带孩子到医院治疗。

如果孩子有包茎，父母不要强行帮孩子翻洗“小鸡鸡”，以免损伤黏膜引起感染。父母可以引导孩子自己动手翻起包皮，并告诉孩子忍受不了疼痛的时候就停止。父亲可以向男孩示范清洗生殖器的方法，然后让儿子模仿父亲的动作，自行掌控翻起包皮的力度并清洗生殖器。孩子第一次翻包皮清洗生殖器，父母不要因为尿垢很厚，就要求孩子彻底清洗干净。因为尿垢长期附着在黏膜上不容易去除，用力过猛会损伤黏膜，引起破损处的感染。

包茎不严重的孩子，如果坚持每天上翻包皮清洗“小鸡鸡”，龟头发炎很快就会消失。上翻包皮的时候应把握一个原则，那就是不可以强行翻起包皮，若不能忍受疼痛就马上停止。

包茎严重的孩子无法翻起包皮，清洗包皮垢，会导致经常性感染，可能会影响青春期的阴茎发育，需要带孩子到医院做包皮切割手术。包皮手术最好在孩子 6 岁之前做。

你做对了吗

3 岁左右的孩子进入了自我认知的心理发展阶段，他们不仅观察自己的身体，还将自己的身体与他人身体进行比较，由此发现自己的身体与他人身体的区别，从而确认自己的身体与自己性别的关系。自我认知是孩子生命发展的一个任务，成人应当帮助孩子完成这个任务。

处于自我认知发展阶段的孩子会寻找一切机会来达成认知自己身体和性别的目的。和小伙伴一起互相观察身体、看父母换衣服、看父母洗澡、看父母大小便……这些都是孩子观察他人身体的好机会。但很多父母将孩子的这些行为误解为“故意调皮捣蛋”，试图教育纠正孩子的这些行为，甚至打骂羞辱孩子，干扰了孩子对自己身体和他人身体的认知。

当 2~3 岁的孩子做出了解他人身体的行为时，爸爸妈妈应当坦然地与孩子一起洗澡，坦然地回答孩子提出的有关身体的各种问题。父母满足了孩子探索他人身体的欲望，一般在两个月后，孩子的心理就向更高一级的心理阶段发展，兴趣也转向其他事物；如果孩子的探索欲没有得到满足或者被压制，就会导致孩子性心理发展停滞不前，探索期延长，过了 3 岁仍旧会“故意调皮捣蛋”。

英国性心理学大师哈夫洛克·霭理士认为，孩子对裸体的认识越早获得越好。假如一个儿童在童年的发育时期，始终没有见过异性的裸体形态，就会引起一种病态的好奇心理，日后一旦突然见到异性成年人的裸体形态，容易在精神上遭受痛苦的打击。如果一个儿童对成年人裸体的好奇从来没得到满足，就会给成年后的性心理异常和性犯罪留下了隐患。性心理研究结果表明：如果一个人童年时期了解身体的欲望遭到严重压制，成年后则容易形成暴露癖或偷窥癖。

对 4 岁前的孩子，父母要以满足孩子对裸体的好奇心为主，不要太强调隐私教育。否则，孩子会在看他人身体时会产生矛盾心理：我看了别人的身体会不会就是不乖的孩子呢？这种矛盾心理会扰乱孩子自我认知的发展。

第三章

男孩女孩不一样

女孩也有“小鸡鸡”

3.1 琪琪的“小鸡鸡”哪儿去了

妈妈，琪琪的
“小鸡鸡”呢？
啊！
琪琪没有
“小鸡鸡”哦！
嘟嘟才有“小
鸡鸡”，琪琪
有小丫丫！
……
不对！琪琪有
“小鸡鸡”！
妈妈去海边把
我的“小鸡鸡”
找回来！
哎！

故事中奶奶和妈妈的回答方式都是错误的。

“你的‘小鸡鸡’飞走了”这样的回答让琪琪觉得自己失去了身体曾经拥有的一部分，现在的身体不健全，破坏了琪琪对自己身体的完整感觉。

妈妈的回答让琪琪感觉到自己的身体不如男孩，为自己的身体感到自卑。

奶奶和妈妈可以平和地告诉琪琪：“你也有‘小鸡鸡’，只是你的‘小鸡鸡’和嘟嘟的‘小鸡鸡’长得不一样。”妈妈也可以与琪琪一起洗澡，让琪琪明白自己的“小鸡鸡”和妈妈的一样，琪琪就不再纠结自己为什么没有“小鸡鸡”了。

当孩子们发现女孩与男孩的生殖器结构不一样时，他们会问父母：“为什么男孩有‘小鸡鸡’，女孩没有？”父母在回答孩子这类问题的时候，无论父母给予孩子怎样的答案，都要传递给孩子的观念是“男孩和女孩都有“小鸡鸡”，只是他们“小鸡鸡”的形状不一样，女孩是扁扁的，男孩是长长的”。

父母不要给孩子传递“男孩有‘小鸡鸡’，女孩没有”的概念，这样的概念会让女孩感觉到自己的身体有缺失，觉得自己的身体不如男孩，从而产生自卑或自贬的心理。

3.2 我也要站着尿尿

哎哟，
小祖宗呀！

尿湿裤子啦！
快蹲下！
哇……

胡萍老师说

孩子观察到异性不一样的小便方式后，都会想尝试一下异性小便的方式。这是孩子探索和认识自己身体的过程，也是探究异性身体的过程，家长不必紧张，更不要强行纠正孩子的行为。根据儿童认识发展的规律，儿童需要在直接经验中获得学习和积累的机会，因此只要他们的行为不涉及安全和规则底线，成人就应该尽可能地让孩子从直接经验中获得成长的机会。

琪琪尿湿了裤子，奶奶只需帮琪琪换上干净的裤子就可以了。连续几次站着小便之后，琪琪会切实地感觉到这种小便方式不适合自己，从而获得了直接经验。同时，琪琪在幼儿园看到女孩都蹲着小便，很快就会明白女孩蹲着小便才不会尿湿裤子，自然就不会再站着小便了。

同样，男孩也会尝试体验女孩蹲着小便的方式。体验几次之后，他们发现其他男孩都站着小便，在同伴的影响下，他们会回到站着小便的方式。

一些父母在男孩最初学习小便方式的时候，让男孩蹲着小便，或者坐在马桶上小便，这样的做法可能会让孩子进入幼儿园后遭遇巨大的挫折——不习惯站着小便，很容易尿湿裤子，但是他们又不能像女孩一样蹲着小便。这会让孩子异常紧张，从而需要较长的时间适应幼儿园的生活。

3.3 琪琪也有“小鸡鸡”了

琪琪用毛巾模仿男孩的小便方式，主要是出于羡慕心理。这种心理是女孩成长的必经过程，经历这个过程之后，女孩才能够真正理解自己的身体与性别的关系。

妈妈只需要平静地告诉琪琪：“你有女孩的‘小鸡鸡’，你的‘小鸡鸡’不是这样的。”帮助琪琪认识和接纳自己的性别。

6 岁前，孩子会认为男孩和女孩都应该有像男孩一样的“小鸡鸡”，他们会对父母提出相关的问题，这是孩子认知和理解自己性别的探索过程，父母要让孩子明白：男孩女孩都有“小鸡鸡”，只是“小鸡鸡”长得不一样，这就是男孩与女孩的不同之处。

孩子在对自己的生殖器进行探索时，也会向父母提出很多问题，父母在回答这些问题时，既要帮助他们认识生殖器，还要帮助他们建构对于生殖器健康的人文价值观。

3.4 你的"小鸡鸡"早就掉了

在哪儿啊？
没看到！
你看！你看！
我的“小鸡鸡”
很快就会长出来的！

你们女生得过病，
“小鸡鸡”早就掉了，
长不出来啦！
呜~~~

会长出来的，
再过两年我
的“小鸡鸡”
就长出来啦！

儿童会用自己的方式来解释“女孩为什么失去了‘小鸡鸡’”，之前曾有一群六七岁的孩子告诉我女孩失去‘小鸡鸡’的原因——

“女孩小时候爱哭，被妈妈抱着坐在腿上，‘小鸡鸡’就被压回到肚子里去了。”

“女孩小的时候不听话，被大人割掉了‘小鸡鸡’！”

“女孩小时候不好好穿裤子，‘小鸡鸡’就像鸟一样飞了。”

“女孩小时候得了很严重的病，‘小鸡鸡’就掉了。”

……

当琪琪努力告诉男孩自己的“小鸡鸡”没有失去时，男孩的话给琪琪带来了深深的忧郁和困惑：我的“小鸡鸡”真的是因为生病掉的吗？我现在还有病吗？为什么我会得病？为什么男孩没有得病？

很多时候，成人会对男孩说“你不听话就割掉你的‘小鸡鸡’！”“你不好好穿裤子，‘小鸡鸡’就会飞走！”这一类的玩笑话，会被孩子当真，从而产生儿童特有的、幼稚的性理论——女孩以前有和男孩一样的“小鸡鸡”，但因为各种原因失去了“小鸡鸡”，才变成了女孩的模样。

为了避免这样的无知给孩子造成困扰，父母在帮助孩子建构性别认知的早期，应当认真而科学地告诉孩子男孩与女孩身体的不同之处。

3.5 男孩才有“小鸡鸡”

妈妈，我没有“小鸡鸡”。
为什么我没有“小鸡鸡”？
她知道自己和男孩子的差别了。
女孩都没有的，只有男孩子才有“小鸡鸡”。你们班谁有“小鸡鸡”呀？
强强、壮壮，还有哥哥。
对啊！他们都是男孩子啊！
哼！

妈妈骗人，
女孩子也有
"小鸡鸡"的！
……
你把"小鸡鸡"
露出来尿尿！
嘘嘘！
这孩子……

弗洛伊德研究发现，儿童以他们特有的方式和观念构架了儿童的三个性理论，第一个性理论就是“他们认定所有的人，包括女人，都有一个像他自己身体上那样的阳具。”

女孩对于自己的身体缺失了一个器官的情况会是怎样的心理呢？这个问题成为我新的思考。弗洛伊德在《儿童的性理论》中也探讨了这个问题，书中写道：“女童的看法与她的兄弟们是相一致的，她们一开始就对男孩身体的这一部分（阴茎）极为感兴趣，发展到后来，这种兴趣就变成了嫉妒。她们感到自己是受害者（被阉割者），希望自己也能像一个男孩一样，用阳具撒尿。当她们表达这种愿望时，总爱说‘我要是个男孩该有多好’。我们知道，这句话的言外之意，就是希望对自己缺少的东西有所补偿。”

妈妈告诉琪琪“男孩有‘小鸡鸡’，女孩没有‘小鸡鸡’”，本意是想让琪琪明白男女性别的差异，但因为不了解儿童的性心理，所以无法感知到琪琪因为没有“小鸡鸡”而产生的负面情绪。

有时候，父母只知道说教，却不懂得体验孩子的内心情感。如果妈妈懂得这一点，此时告诉琪琪“你的‘小鸡鸡’与男孩的不同”，就能够正面帮助琪琪接纳自己的身体。

所以，妈妈需要改变一下对“小鸡鸡”的定义，当“小鸡鸡”这个称呼不再专属于男孩，那么琪琪的困扰也就迎刃而解了。

3.6 爸爸，给我买“小鸡鸡”吧

我也想要
“小鸡鸡”！
爸
妈
你推我干吗?
!!!
爸爸，去给我买
一个“小鸡鸡”！

琪琪要买“小鸡鸡”的要求，让爸爸妈妈措手不及，不知如何应对。其实，孩子每一个与性相关的提问，或者每一个与性有关的行为，都是父母引领孩子认知成人社会性规则和性道德的机会，即“教机”。

父母利用好“教机”的前提是事先做好养育孩子的知识储备，学习先进的育儿理念和方法，懂得与孩子沟通的方式。与孩子沟通时，父母不仅仅要告诉孩子相关的知识，还要给孩子输入健康的价值观。

6 岁前，孩子的性别心理发展会经历一个曲折的过程：男孩会担心自己的“小鸡鸡”被割掉，产生被“阉割”的恐惧和焦虑；女孩会为自己已经被“阉割”而产生的残缺身体感到自卑和无助，这样的认知对女孩性别心理的发展有更多负面的影响。在这个心理发展阶段，成人要帮助孩子走出心理困境。

父母可以借助一些性健康教育的书籍或者性健康教育课堂，让女孩了解性器官与性别的关系，让所有孩子都明白，男女身体的不同是人类自然进化的结果，从而真正接纳自己的性别。

“为什么男孩有‘小鸡鸡’，我没有？”大多数女孩在童年时期都有过这样的困惑与不安，这是孩子认识自己身体的一个正常过程。6 岁前的孩子会认为，男孩、女孩都有与男孩相同形状的生殖器，因为种种原因，失去“小鸡鸡”的孩子变成了女孩。

弗洛伊德在 1905 年发表的论文《儿童的性理论》中，阐述了儿童以他们特有的方式和观念构架的三个性理论。其中，第一种理论是“表现出对两性间差别的忽略，儿童认定所有的人，包括女人，都有一个像男人身上那样的阳具”。

这样的认知让男孩觉得自己的身体比女孩的身体更为健全，而女孩则认为自己的身体是残缺的。当孩子问父母“为什么男孩站着尿尿？”的时候，父母往往会回答孩子：“男孩有‘小鸡鸡’，女孩没有‘小鸡鸡’，所以男孩站着尿尿。”这样的答案让孩子更加确信自己的想法是正确的——女孩失去了曾经拥有的部分！因此，男孩会觉得女孩身体不如自己，内心产生对女孩身体的鄙视，女孩会感觉自己的身体不如男孩。这或许是女孩内心深处自卑感的来源。

根据儿童性心理发展的特点，建议父母将男孩和女孩的外生殖器统称为“小鸡鸡”，这样一来，当女孩问“我为什么没有‘小鸡鸡’”时，父母就可以这样解释：“男孩和女孩的‘小鸡鸡’长得不一样，男孩的‘小鸡鸡’是长长的，女孩的‘小鸡鸡’是扁扁的，这就是男孩和女孩不一样的地方。”

这样的解释可以让女孩清晰地懂得男女身体的不同之处，不再认为自己的身体是残缺的，或者自己的身体不如男孩的身体了。

第四章

你不可以摸我

隐私教育要趁早

4.1 妈妈的烦恼

男孩子的“小鸡鸡”就叫阴茎！
成长与性
快看！阴茎！阴茎！
阴茎！阴茎！
!!
……
你是男孩，有阴茎，我是女孩，我没有阴茎！
为啥？
知道就行了，不要说出来啊！
说这个是不礼貌的！

在成人的教导下，孩子们通常将阴茎称为“小鸡鸡”。嘟嘟和琪琪刚接触到男性生殖器的正式名称“阴茎”时，觉得“小鸡鸡”有了新名字，而这个新名字别人都不知道，他们为此感觉到兴奋、新奇。当嘟嘟和琪琪指着一个男孩的生殖器大叫“阴茎”时，对方惊奇、尴尬、不知所措的复杂表情再次刺激了他们，他们觉得这个新名字很有力量，能够引起人们剧烈的反应，从而更加热衷于用“阴茎”这个新名字刺激他人。

父母在告诉孩子身体器官的名称时，要像告诉孩子眼睛、鼻子、耳朵那样坦然，不要有夸张的表达。

那么，父母和老师应该如何应对故事里的情况呢？

父母可以告诉孩子：“阴茎是每个人的秘密，不可以大声说出来，这个话题只能够和爸爸妈妈讨论，而且只能够在我们家里小声地讨论。”

老师可以告诉孩子：“如果你想和我讨论‘小鸡鸡’的话题，我们可以单独到一个房间里讨论，不可以在这里大声说哦！”

父母和老师尽量不要对孩子的表现显示出剧烈的反应，一段时间后，孩子的兴趣自然就转移了，因为这个世界上有太多新奇的事物吸引着他们的注意力。

4.2 嘟嘟和丽丽的游戏

你们是怎么教孩子的啊！
啊，怎么了？消消气！
你看！把我们家丽丽抓成这样，还是屁股上！小流氓！
啊！
真丢人！
哇哇……她也摸了我的“小鸡鸡”啊，哇哇……

胡萍老师说

性游戏普遍存在于儿童6岁前的生活中。儿童的性游戏有多种方式，其中包括互看生殖器，互相触摸生殖器，男孩比谁的小便尿得更远，生孩子的游戏，过家家，等等。

嘟嘟和丽丽都触摸了对方的生殖器，这是孩子的性游戏，孩子通过这个游戏认知自己的身体和他人的身体，只不过嘟嘟不知道轻重，把丽丽的屁股弄伤了。

受传统文化的影响，当男孩与女孩之间玩这样的性游戏时，成人多视女孩为被害者，视男孩为坏孩子。丽丽的父母认为嘟嘟伤害了自己的女儿，女儿的贞洁被嘟嘟夺走了，他们难以控制气愤的情绪；而嘟嘟的父母认为嘟嘟犯下了天大的错误，必须严惩。成人因错误的认知曲解了孩子们的性游戏，必然会做出错误的行为去伤害孩子。

如果你的孩子做出互相看或者触摸对方生殖器的行为，父母不要将这个行为定义为“伤害的行为”，而应智慧地应对孩子的性游戏。

丽丽的父母在问清情况后，可以与嘟嘟的父母进行沟通，而不是当众骂嘟嘟为“小流氓”，这样谩骂也伤害了丽丽；嘟嘟的父母在问清情况后，应当冷静地安抚丽丽的父母：“嘟嘟弄伤了丽丽，这是嘟嘟的不对，对不起了，我们回家后会认真管教孩子。”而不是当众打骂嘟嘟。

嘟嘟和丽丽的父母都需要对孩子进行认识和保护身体隐私的教育。具体的做法是：

父母与孩子坐在一起，让孩子画出一个男孩和一个女孩，用红颜色的笔将男孩和女孩身上不可以让他人随意看和随意摸的部位标记出来，告诉孩子：“在游泳池里游泳时，男孩的游泳裤和女孩的游泳衣遮住的这些部位，是隐私部位，不可以让人看、让人摸。”让孩子获得自我保护的意识和能力。

如果事情发生在幼儿园里，嘟嘟和丽丽的父母应当主动联系幼儿园的老师，建议老师在班级里开展活动，教育孩子认识身体隐私部位，建立隐私意识。

怎样区分儿童间正常的性游戏和不良的性游戏呢？

如果孩子将小伙伴带到隐秘的场所，回避他人进行有关性的游戏，或者游戏的内容以模仿成年人的性活动为主，那么这种行为就不属于儿童性游戏的范畴了。一旦发现这种行为，父母和老师应当寻求专业人士的帮助，因为这个孩子很可能受到了性伤害或隐性性伤害（孩子经常看到父母做爱、看到色情影片或视频等，均属于隐性性伤害）。

4.3 爸爸，思思的“小鸡鸡”和我的不一样

儿子居然肯跟我说悄悄话了……好！爸爸一定不说！

爸爸，我今天看了思思的“小鸡鸡”，她也看了我的。我发现我和她的“小鸡鸡”长得不一样！

思思的“小鸡鸡”是一条缝呀！好奇怪哦！

父母遇到这样的情况，只需要回应："嗯，爸爸知道了。"对于 4 岁以上的孩子，父母是该告诉孩子以后不可以看别人的"小鸡鸡"了，那是别人的隐私部位，你的"小鸡鸡"也不可以给别人看。

我国幼儿园的卫生间大多是男女共用的，这样的设置让孩子们在一起上卫生间时，可以观察同性和异性小便的姿势，了解自己和小伙伴们的身体。只要不存在安全隐患，孩子们在卫生间里互相观察彼此的身体时，父母和老师不需要干预。但对于 5 岁以上的孩子，幼儿园的卫生间应该区分男女，至少每个蹲便格都安装小门，这样有助于孩子建立身体界限和隐私意识。

4.4 妈妈教嘟嘟保护隐私

嗯，那如果我同意了，别人就可以摸了。
也不是这样……但是身体有些部位，例如“小鸡鸡”、屁股、嘴巴都不要让别人随便触摸！
为什么？
因为“小鸡鸡”，屁股和嘴巴，都有个口子直接通到身体里，如果接触不干净的东西，就很容易把细菌带进去……
隔着衣服就能摸了，对吗？
那也不行，这些部位属于我们身体的隐私部位，都不可以随便给人摸！

妈妈的解释里，出现了太多嘟嘟目前的年龄段无法理解的概念，“细菌”“隐私部位”“直接通到身体里”，她解释越多，嘟嘟越迷惑。与儿童交流性话题时，应尽量用儿童能听懂的话语。嘟嘟妈妈可以简单明确地告诉孩子：“你已经长大了，不能再摸妈妈的‘咪咪’了！”

2 岁左右的孩子还不能理解隐私的概念，父母要用行为告诉孩子什么是隐私，比如不在大街边小便、不穿开裆裤、拒绝孩子摸妈妈的乳房等。不要给孩子讲太多的道理，因为他们还无法理解。这位妈妈在教育的过程中用了太多的概念来对孩子进行理论教育，并不可取。

孩子在 4 岁以后，成年人要帮助孩子逐步建构身体的界限，认识身体隐私，学会保护身体隐私，并学习尊重他人的身体隐私。用画图的方式教幼儿认识身体的隐私部位，形象、直观、简单，这样比较适合幼儿的感性认知发展的特点。

4.5 只有牙齿是我的

儿子过来，让妈妈摸一下肉屁屁！
我在玩车子嘛！不许摸！
快过来！你的屁屁是谁的？
是妈妈的……
儿子，不要理妈妈！
不让我摸吗？
你告诉妈妈，屁屁不能随便摸！
儿子，你整个人都是妈妈的，你长在妈妈身体里的时候就有眼睛啊、脸啊、屁屁啊、手手啊，都是妈妈给你的，只有牙齿是你自己的，所以妈妈想摸就要摸。
爸爸说屁屁不能摸的！
屁屁是妈妈的，手手是妈妈的，脚脚也是妈妈的，只有牙齿是我自己的……

这位妈妈的做法导致嘟嘟无法建立对身体的独立自主意识，可能会使他的自我认知发展遇到障碍。在嘟嘟不情愿的情况下，妈妈坚持要触摸嘟嘟的身体，这是对孩子的不尊重。嘟嘟受妈妈的影响，很容易也会不尊重他人的身体，随意触摸他人的隐私部位，例如强行要求摸妈妈的乳房，随意触摸小伙伴的隐私部位等。

嘟嘟起初反抗妈妈，这说明嘟嘟已经有了自我保护意识，但他畏惧于妈妈的权威，最终顺从了妈妈的意愿。如果嘟嘟每次反抗行为都遭到打压，嘟嘟就会产生一种无助感。一旦遇到性伤害，嘟嘟会因为这种无助感而放弃自我保护。

4.6 我不喜欢你亲我

啊，太好了！有礼物！
琪琪、嘟嘟，舅舅来看你们了！
不要！不要舅舅亲！
来，琪琪让舅舅亲亲！
哎呀，讨厌！胡子好扎！
舅舅就是喜欢亲琪琪啊！
琪琪不愿意，你就不可以亲她，更不可以亲她的嘴唇！
我就喜欢亲琪琪，不管她喜欢不喜欢！
以后不可以这样亲我的女儿了！
好吧。

亲吻是人类爱的表达方式，能够让我们感觉到他人对我们的喜爱，也能够传递我们对他人的爱意，这让彼此感觉到幸福和快乐。一般来说，人类不会拒绝让彼此感觉幸福和快乐的行为。

在这个故事中，女孩不愿意舅舅亲吻自己的嘴巴，说明女孩在舅舅亲吻自己的行为中感到不舒服，这是身体的直观感受，所以女孩会拒绝或躲避舅舅的亲吻。舅舅强行亲吻女孩的嘴唇，没有尊重女孩的意愿，破坏了女孩对自己保护的意志，侵犯了女孩身体的界限感。

父母应该明确地告诉强行亲吻孩子的成年人："请尊重孩子的意愿！"并且阻止这类情况再次发生。

在我们的文化环境里，成人可以随意触摸孩子的身体，甚至可以随意触摸男孩的生殖器。一些成人为了维护亲戚朋友的面子，不仅不拒绝他们触摸自己孩子的生殖器、亲吻孩子的嘴唇，还要求孩子配合他们。这是不尊重孩子的文化糟粕，应该摒弃。

成人随意触摸孩子的生殖器、带有性意味地亲吻孩子，这些不尊重孩子的行为不仅破坏了孩子的身体界限，还会给孩子带来隐形性伤害。

父母应当向嘟嘟的爸爸学习，明确告诉那些随意亲吻孩子和触摸孩子身体的人："请你尊重我的孩子，不要违背孩子的意愿亲吻、触摸他（她）的身体！"

隐私教育的目的是让孩子学会尊重他人的身体隐私，学会保护自己的身体隐私。根据孩子的心理发展规律，对不同年龄阶段的孩子，隐私教育的“度”要有所不同。

4 岁前的孩子，其心理正处于认知自己身体与性别关系的阶段，他们需要观察父母和同伴的身体，所以这个阶段不宜强调隐私教育，要以满足孩子观察他人身体的愿望为主。我们可以向孩子强调：“如果有人摸了你的‘小鸡鸡’或者屁股，一定要第一时间告诉爸爸妈妈。”

4 岁以上的孩子，父母要重点引导他们建构身体界限。例如，与孩子分房间睡觉，教孩子独立洗澡，告诉孩子换衣服时关门回避等，父母要充分利用生活中的细节，帮助孩子建构身体的界限。

父母可以与孩子一起画穿泳衣的男孩和女孩，告诉孩子：“泳衣遮盖的部位，就是不可以让他人随便看和触摸的部位，叫‘隐私部位’。如果有人摸了你的‘隐私部位’，不论是谁，一定要告诉爸爸妈妈！”这么做的目的是为了给孩子建立安全感，让孩子主动在第一时间将发生的事情告知父母，避免孩子因怕父母责罚自己没有保护好隐私部位，而故意隐瞒遭受了性伤害的事实，导致遭受第二次的性伤害。

要知道，无论父母怎样要求和教育孩子保护自己，一个幼儿园的孩子真的没有能力反抗成人的不法行为。如果孩子能够在受到性伤害的第一时间告知父母真相，得到父母的保护，就可以让孩子免遭再次伤害。

对孩子进行性健康教育时，很多父母往往会忽略一个问题——性安全教育对男孩和女孩同样重要。

受到传统文化的影响，人们普遍认为“性侵”只是指女性遭到性侵害。现在，男童遭到性侵害的案件越来越多，父母必须提高这方面的认知，保护好男孩。

我国刑法第二百三十七条规定：以暴力、胁迫或者其他方法强制猥亵妇女或者侮辱妇女的，处五年以下有期徒刑或者拘役。聚众或者在公共场所当众犯前款罪的，处五年以上有期徒刑。猥亵儿童的，依照前两款的规定从重处罚。

调查结果显示：被性侵害的孩子中，85% 的孩子是被其熟悉、尊重和信任的人性侵。例如父母的朋友、老师、邻居、亲戚，甚至是亲生父母。父母在教育孩子自我保护的同时，不要忘记自己身为监护人的重要职责，尽量不要把孩子托付给别人，不要让孩子在别人家里住宿。

人类会用亲吻、拥抱等接触身体的方式表达对彼此的爱，父母要教会孩子辨别好的身体接触和不好的身体接触：好的接触是让孩子感觉到关怀和爱的举动，不好的接触是成人在孩子身体的隐私部位反复触摸或者摩擦。当孩子感觉到不好的身体接触时，要立即想办法离开这个成人，并第一时间告知父母。

第五章

尿裤子与憋大便

肛欲期的性健康教育

5.1 尿裤子的琪琪

我先拍！一二三！
哥哥玩完就轮到琪琪玩了！
琪琪！你是不是想尿尿了？快去卫生间！
到我拍球了！
毫不理睬
听到了没有？快去卫生间！
我不去！我不去！
去卫生间尿尿！不然尿裤子了！
挣脱
啊！

不去！
就不去！
你这孩子，
一点都不乖！
气死我了！
快出来！
啊！
琪琪，我数一
二三，你再不
出来，我就去
拽你了啊！
…… ……
为什么不听话？
打屁股！

琪琪“故意尿裤子”是因为一岁半至三岁左右的孩子处于肛欲期的发展阶段，在自行训练憋大小便的能力。

进入肛欲期后，一些孩子会一边玩玩具一边憋大小便，一些孩子憋大小便时会躲在房间角落、窗帘后面、柜子旁边，有一些孩子憋不住时才会到门后面或者卧室里将大小便解在裤子里。无论成人如何提醒，他们即使憋得满脸通红，也不会去洗手间解便。因为此刻孩子正在寻找憋不住的临界点，他们不能立刻坐在马桶上，因为坐在马桶上就会解便，就找不到憋不住的临界点了。

琪琪妈妈的做法是错误的：首先，她命令、催促、强行拉琪琪去洗手间解手，打断了琪琪体验“憋不住”的感觉，破坏了琪琪肛欲期的生理发展；第二，琪琪尿裤子后，妈妈打骂了琪琪。成年人憋大小便的能力是从幼儿肛欲期训练出来的，琪琪“故意”尿裤子是因为她在训练自己憋尿的能力。

琪琪妈妈应和蔼地告诉琪琪：“尿湿了裤子就告诉妈妈，妈妈给你换干净的裤子。”这样既可以缓解琪琪紧张的情绪，也可以让琪琪不用担心妈妈责罚自己尿裤子，有利于琪琪在肛欲期的健康发展。

5.2 我的便便像太阳

琪琪，你看我拉了好多便便！
啊呀呀！臭死了！
这块便便像月亮！这块像太阳！
这块便便像蜗牛！
这块像爸爸，哈哈！
这块像妈妈！
怎么把大便拉在客厅了？臭死了！你们谁干的？

肛欲期的孩子还会表现出对自己的排泄物着迷，他们对从自己身体里排出来的这些物质非常感兴趣，他们将大小便解在客厅或者卧室的地板上，以便自己进行研究。孩子可能会用手去感觉小便的温度，用小便画出一幅画，拍打小便感受其发出的声响……他们可能会找个木棍或者筷子来扒拉，研究大便的形状、气味、硬度。

看到孩子突然把大便解在客厅里，父母要意识到孩子已经进入了肛欲期。父母不要打断孩子研究自己的排泄物，如果孩子需要一些研究工具，比如筷子、勺子之类的，父母尽量提供，并告诉孩子不要将大小便弄到桌子、茶几、窗帘上等。如果孩子的手上沾了大小便，父母帮孩子洗干净就可以了，不要责备孩子不讲卫生、故意调皮捣蛋。

妈妈无须担心嘟嘟养成随处大小便的坏习惯，因为嘟嘟研究大小便一到两次后，就不会再将大小便解在客厅的地板上了。

5.3 爸爸摸到黄金了

爸爸，我的裤子湿了……
啊？给爸爸看看！

啊？

哈哈，爸爸摸到黄金了！
我们向老师借个干净的裤子穿吧。

年幼的孩子因无法控制大小便，或因憋大小便未能及时去卫生间导致弄脏裤子，父母应该理解孩子，不要责备孩子。父母应接纳并尊重孩子肛欲期的各种表现，不要打断孩子正在进行的憋尿或者憋大便的行为，平静地应对孩子尿裤子、大便拉到裤子的行为。

肛欲期一般经历 2 个月左右就会结束，只有极少数孩子会经历半年左右，部分孩子憋大便或者尿裤子的阶段更长一些，他们在度过肛欲期的时候更困难。父母要坚信孩子总有一天会度过这个阶段，放松心态陪伴孩子度过这个时期。

嘟嘟担心遭到责备或打骂，不敢告诉老师和爸爸，他把大便解在裤子里了。爸爸的做法非常值得借鉴，他保护了嘟嘟的自尊，也保护了嘟嘟肛欲期的发展。

5.4 嘟嘟光身子拉便便

故事里的爸爸、妈妈和奶奶都积极地满足嘟嘟光着身子大便的要求，并保证房间的温度不会让嘟嘟着凉，这是值得推荐的做法。

父母不必担心孩子爱裸露身体会形成露阴癖，因为儿童喜欢暴露身体与成年人的“露阴癖”是两回事。有露阴癖的成年人，会通过在公共场所向他人展示生殖器引起对方强烈的情绪反应，从而获得性快感，而幼儿光身子上厕所、睡觉的行为只会维持一段时间。

成人不可以对裸露身体的孩子说“羞羞”“你真是不文明”“你这样不乖！妈妈不喜欢你了”等负面语言。这会让孩子将身体与“羞”配对，认为身体是羞耻的、不好的，不利于孩子自我认知的心理发展。

5.5 遛一遛嘟嘟

嘟嘟今天一天都没有拉大便，这可怎么办？
嘟嘟，想拉便便了吗？
不想啊！
老公！嘟嘟今天一天都没拉便便了！我给他喝蜂蜜水、吃香蕉都没用！
这样啊！
走！爸爸带你去操场遛遛。
什么叫遛遛？又不是小狗！

咱们走几圈，嘟嘟想拉便便了，就告诉爸爸哦！

嘟嘟，想拉便便了吗？
没有！
嘟嘟，想拉便便了吗？
没有！
嘟嘟，想拉便便了吗？
没有！

上班够累了，晚上还要陪你走路。哎呀，嘟嘟你怎么还不想拉便便？
走路和我拉便便有什么关系啊？

当肛欲期中的孩子大便规律发生变化时，父母不要过度紧张，更不要拿一些“科学依据”吓唬自己，比如“一天不解大便，等于在身体里积累了一条烟的毒素”，从而强迫孩子吃缓解便秘的食物和药物，或做运动促进新陈代谢。

肛欲期的孩子也会出现大便节律的改变。肛欲期到来之前，孩子每天一次大便，现在可能一天解数次大便，也可能两天或者三天解一次大便。这样的节律改变不等于孩子出现了便秘。孩子的肛欲期过后，大便节律会恢复常态。

中国的父母对孩子的大便异常关注，这种关注已经成为一种病态，这种病态的表现是：一定要孩子每天都解大便，大便的颜色和分量最好都是父母所期待的。如果孩子今天按照父母的期待解出了大便，父母会全身舒坦，内心充满了喜悦和幸福感；如果孩子今天没有按照父母的期待解大便，或者解便的量不是父母期待的，父母就会浑身冒出鬼火，心情烦躁不安，全家不得安宁。

父母应当平静地面对孩子的大便规律的变化，让孩子顺其自然地度过肛欲期。孩子在肛欲期发展顺利，他们的机体很快就能够恢复到原有的大便规律，如果孩子肛欲期的发展遭到破坏，就无法恢复到原来的大便规律，并形成真正的便秘，增加他们的痛苦。

一岁半至三岁左右是肛欲期的发展阶段。孩子会在这一时期发展憋大小便的能力，这一能力是孩子控制自己大小便的基本能力，可以帮助孩子控制大小便，掌握上厕所的时间。

人控制大小便的能力从婴儿时期开始。婴儿刚出生时，大小便是一种无序状态。随着神经系统的发展，婴儿逐渐发育起来的膀胱或者直肠充盈后，这一神经反射至大脑，婴儿就会产生自主大小便的意识。在成人的训练下，孩子知道了要到洗手间或者马桶上大小便。

到 2 岁左右，孩子开始发展下一个阶段的大小便自主控制功能——当我感觉到要尿尿和拉便便后，我能憋多久呢？憋不住的感觉是什么样？憋不住的后果是什么？于是，孩子开始憋尿、憋大便，体验憋得住和憋不住大小便的感觉，也明白了憋尿和憋大便的后果——尿裤子、把大便解在裤子里。经历了这些之后，孩子开始调整自己，憋不住尿、憋不住大便时立即到洗手间解手。孩子自主控制大小便的能力发展告一段落。

肛欲期的发展大约为期 2 个月。成人能够在上课、开会时忍住不上洗手间的能力正是从肛欲期的发展获得的。

因为不了解孩子肛欲期的发展，父母无意间破坏了孩子肛欲期的发展：打骂孩子尿裤子，打断孩子憋大便或憋尿，强拉孩子到卫生间解手，等等。孩子的肛欲期遭到破坏，会导致肛欲期的发展延滞，甚至有的孩子几年都处于尿裤子、在裤子里大便的尴尬和痛苦之中。

父母要尊重孩子肛欲期的发展规律，理解和接纳孩子尿裤子等行为。将孩子尿湿裤子或者在裤子里大便作为家人的谈资，当着孩子的面议论这些事、责罚孩子尿裤子等行为，不但会破坏孩子肛欲期的发展，还会让孩子产生自贬心理，影响孩子自尊心的建立。

此外，家庭成员对孩子肛欲期的发展行为应持有一致的态度，这样可以避免孩子产生焦虑情绪而延长肛欲期的发展。

处于肛欲期发展阶段的孩子会对自己的排泄物着迷，喜欢研究从自己身体里出来的物质。他们在客厅地板、卧室地板上解便，用手感觉小便的温度、抓大便，有的孩子还会用嘴唇感受大便黏糊糊的质感，兴奋不已。

在肛欲期，孩子的大小便节律会发生变化。

孩子会在短时间内反复小便，每次小便量很小，看起来很像尿路感染。如何辨别孩子是肛欲期小便节律变化还是尿路感染呢？

尿路感染伴有尿痛和血尿，尿路感染的孩子即使在夜里也会频繁小便。

父母可以带孩子到医院做小便常规检查，如果检查结果正常，孩子反复小便且小便量小这一现象就属于肛欲期的正常表现，不用服药。

之前能每天准时解大便的孩子，进入肛欲期后，可能两三天才解一次大便，这是正常现象，家长不必慌张。一些家长见孩子三天不解大便，就硬让孩子吃各种水果、喝中药，甚至是给孩子用开塞露，刺激孩子的肛门以让他解便。这些行为会让孩子心生不安，每回解大便都紧张兮兮的，有可能形成真正的便秘。

第六章

翘起来的“小鸡鸡”

孩子的性感觉

6.1 “小鸡鸡”咯蛋了

嘟嘟的“小鸡鸡”咯蛋啦！
爸爸，我的“小鸡鸡”咯蛋了！
哈哈哈哈！“小鸡鸡”支小帐篷了！
啊呀！
不可以大声嚷嚷，“小鸡鸡”是秘密，不可以告诉别人啊！
妈妈，我的“小鸡鸡”咯蛋了！

当孩子向父母谈论自己的性感觉时，父母要告诉孩子：“这是你的秘密哦，不要大声说出来，也不要告诉其他人。”

人在幼年时期就会有性感觉。阴茎的勃起会让男孩清晰地感受到性感觉。性是人类的隐私，不可以随意公之于众，这是成人社会的性规则。然而，儿童不懂成人社会的性规则，不懂得保护自己的性隐私。所以，当孩子告诉父母自己的性感觉时，父母一定要抓住这个“教机”，帮助孩子认知隐私，让孩子了解成人社会的性规则，保护好自己的性隐私。

成人不可以玩笑、羞辱、斥责孩子的性感觉，这是对孩子人格的不尊重。成人的玩笑会让孩子认为“性”不值得尊重；羞辱、斥责孩子的性感觉会让孩子认为“性”是耻辱的。“性”是人格的核心部分，当性的神圣和高贵遭到破坏时，孩子人格的高贵也会出现裂痕。

生殖器受到刺激后变大变硬，在医学上称之为“勃起”。现代医学技术的超声波成像技术已经显示，男性在胎儿时期阴茎就会勃起。阴茎里分布的神经非常丰富，对刺激非常敏感，早上孩子睡醒后，由于膀胱的充盈，孩子会有尿意，出现勃起，有时候孩子用手或其他物品刺激时，阴茎也会勃起。勃起是孩子的正常生理现象，并不是性早熟。当孩子兴奋地大叫“小鸡鸡变硬了”的时候，父母只要告诉孩子：“每个男孩都会这样，这是你的隐私，不必告诉大家。”

6.2 “小鸡鸡”好痛啊

胡萍老师说

嘟嘟阴茎勃起，摩擦内裤导致他疼得无法走路时，妈妈可以带嘟嘟坐下来休息一会儿。妈妈要为嘟嘟选择一些质地柔软、宽松的内裤，外裤也应该宽松一些。宽松的裤子不容易刺激阴茎，阴茎勃起后也不会因摩擦带来疼痛。

嘟嘟的妈妈还可以给孩子讲个故事或者让嘟嘟吃一些零食，让他不再关注勃起的“小鸡鸡”了。

男孩从小穿纸尿裤或者用尿布，一旦不穿纸尿裤或不用尿布之后，就可以直接穿内裤，这样让男孩能够习惯穿内裤。

男孩穿内裤能够起到保护生殖器的作用，每天换洗也很方便，如果不穿内裤，直接让生殖器接触外裤，材质粗糙的外裤对男孩的生殖器不友好，同时外裤不像内裤柔软透气，也不方便每天换洗。

6.3 好舒服呀，好舒服

琪琪在枕头上摩擦生殖器获得性感觉，这是琪琪的自慰方式。如果琪琪只是在睡觉前摩擦，时间不超过 10 分钟，而且知道回避家人，父母就不需纠正琪琪的行为。

妈妈不敲门，直接闯进琪琪的房间并质问琪琪在干什么，粗暴地打断了琪琪的自慰行为，会给琪琪的性感觉发展带来阴影。

妈妈说“这个动作真难看”，让琪琪感觉“我的行为是不好的行为”，错认为“性”是可耻的、不健康的。这一错误的认知可能会伴随琪琪一生。琪琪成年后一旦有性唤起和性感觉，就会觉得羞耻，影响琪琪的婚姻和家庭生活。

自慰行为是孩子性发展的重要内容，而非不良行为和习惯。妈妈可以这样应对琪琪的自慰行为：白天多带孩子做些运动，让孩子做些她感兴趣的事情，以释放孩子的精力，转移孩子的注意力，逐渐地减少其自慰行为。睡前妈妈给琪琪讲故事，悄悄观察一下琪琪摩擦生殖器的行为，如果时间不长，不必理会；如果时间很长，超过半小时，妈妈应陪着琪琪，直至琪琪睡着再离开，不可以粗暴地打断琪琪的自慰行为。

6.4 嘟嘟想进女浴室

妈妈和琪琪
去女浴室，
爸爸和嘟嘟
去男浴室啊！
爸爸！为啥不
跟妈妈一起走？

嘟嘟是不是
男子汉啊？
是的话就跟
爸爸走！
我想进女浴室，
让妈妈帮我洗澡！
嘟嘟，让爸爸
帮你洗澡吧！
……

当天晚上……
不许摸“小鸡鸡”，
再摸“小鸡鸡”就
掉了！羞羞！
摸掉了才好呢，
这样就可以和
妈妈一起进女
浴室啦！

父母坚持带嘟嘟到男浴室的做法是正确的，更重要的是教会嘟嘟独立完成洗澡。孩子有权利触摸自己身体的任何部位，不可以像奶奶那样恐吓和羞辱孩子。

嘟嘟有权利摸自己身体的任何部位，奶奶不应该吓唬嘟嘟：“再摸就会摸掉了！”“小鸡鸡”不会被摸掉，欺骗和吓唬只能换来孩子的不信任。奶奶批评嘟嘟“羞羞”，会让嘟嘟觉得摸自己的生殖器是羞耻的事情，不利于嘟嘟健康性心理的构建。

6.5 我的“小鸡鸡”像树枝

我爱洗澡皮肤好好……
噜啦噜啦咧……

嘟嘟，转过来，妈妈给你擦干身体！

妈妈，我想要我的“小鸡鸡”跟树枝一样长！
那就买不到裤子穿啦！

只要孩子坚持经常洗澡、每天洗屁股，身体根本没有大人想象的那么脏，因此，孩子洗澡洗得干净程度即使达不到父母的理想状态，也无碍于健康，父母不必要求孩子洗得那么彻底。

女孩清洗生殖器时，不要刻意翻起小阴唇。一些父母要求女孩洗生殖器时一定要连同阴道口处一起清洗。一些父母甚至帮 5 岁以上的女儿清洗生殖器，这么做不仅让女儿难为情，还破坏了女孩身体界限、隐私意识和自尊心的建立。

孩子到了 3 岁左右，爸爸就要开始教儿子翻洗包皮了，教会男孩清洗包皮垢是父亲的责任，妈妈不要越俎代庖，要回归爸爸养育儿子的权利和义务。爸爸要向男孩示范如何上捋包皮并清洗，让孩子自己操作，孩子能够掌控翻起包皮的力度。由于生殖器的神经非常丰富，对刺激非常敏感，让孩子自己把握翻洗包皮的轻重程度，不至于弄疼生殖器。特别提醒妈妈不可以帮 6 岁以后的孩子清洗生殖器。

父母要鼓励男孩自己动手翻洗包皮，因为龟头处的神经非常敏感，稍不注意就会弄疼孩子。如果孩子不会翻洗，爸爸要亲自做示范教孩子用温水翻洗包皮。

6.6 “小鸡鸡”为什么会翘起来

好了，好了！还要不要听故事啊？
听的！
英雄看到一只木乃伊向他扑来，英雄拔出长剑……
!!
……
……
回头妈妈查一下书上是怎么说的！
妈妈，为什么我在听英雄的故事和木乃伊的故事的时候，“小鸡鸡”就会翘起来啊？

嘟嘟问妈妈“为什么我的‘小鸡鸡’总翘起来”，妈妈可以利用这个“教机”坦然地告诉嘟嘟：“‘小鸡鸡’有时候是会翘起来的，可能‘小鸡鸡’也喜欢听这样的故事吧！”用孩子听得懂的语言进行解释，让孩子理解和接纳自己的身体反应。

回避嘟嘟的提问，会让他感觉无助，再也不愿意向妈妈请教有关身体的问题。但嘟嘟自行探索身体的奥秘，容易形成错误的认知甚至伤害到身体。

成年人可以通过闻性对象的气味、触摸性对象的身体、听性对象的声音、看性对象的容貌唤起情欲，而这种通过感觉器官激发性感觉的能力却是从儿童时期发展起来的。儿童因感官刺激获得性感觉后，会毫不掩饰地表现出来，但他们不知道身体为什么会有这样的反应，就像嘟嘟不明白一听到木乃伊的故事“小鸡鸡”就会翘起来一样，其实是听觉刺激了他的性感觉。

一些孩子不理解自己的“小鸡鸡”为什么会变硬，并无法用语言来表达自己的困惑，有的孩子还会出现哭闹的现象。其实嘟嘟的妈妈可以这样回答：“这是很正常的，男孩子都是这样子的，一会儿就没事的，你爸爸也会这样子的哦！”

精子与卵子结合形成受精卵后分化出各种细胞、组织，形成一个完整的个体，分化出鼻子、嘴巴、心脏……胎儿的生殖器官和与其相关的神经也在形成。胎儿发育正常，生殖器官受到刺激会产生感觉，胎儿喜欢这个感觉就会用手摩擦生殖器。现代超声影像技术已经证明：男性胎儿在妈妈肚子里就会用手触摸生殖器，让生殖器勃起。

性是人类与生俱来的能力，是人类延续后代的本能。人从胎儿时期就能体会到刺激性器官产生的感觉，出生后，性的本能会让孩子经历生命发展的各个阶段：口唇期、肛欲期、生殖器期、潜伏期、青春期。每一个阶段都有相应的任务，每一个阶段都必须为下一个阶段的发展奠定基础，从而让孩子建立健康的性心理，形成符合社会主流的性价值观，增强健康的性生理能力，拥有健康幸福的婚姻生活。

孩子性发展的每一个阶段，都需要成人的帮助。

孩子出生后会出现生殖器的勃起（“小鸡鸡”变硬变大），这让孩子感到困惑。父母可以平静地告诉孩子：“男孩有时候会这样，不用紧张，等一会儿，‘小鸡鸡’就睡着了。”孩子明白这是正常现象后，就能平静地接纳生殖器勃起。成人不要用“羞羞”这样的语言来应对孩子的生殖器勃起。

一般 6 岁前的孩子会有自慰行为，包括性幻想、性梦和手淫。儿童通过自慰获得身体性张力的释放。霭理士在 1933 年发表的《性心理学》这部书中谈到了儿童手淫。他认为：任何用摩擦的方式获取性器官快感的活动都属于手淫的范围。

孩子手淫的方式有很多种：用手摸生殖器，俯卧在床上摩擦生殖器，夹腿，用毛绒玩具或其他物品摩擦生殖器，在他人身体上摩擦生殖器，摸弄乳头和肚脐……孩子能通过手淫获得性高潮。

手淫行为对孩子性感觉发展、掌控身体性唤起的能力有着积极的影响。

人类在婴儿时期就具备了获得性高潮的能力。儿童性高潮的表现为面红、出汗、呼吸急促、全身肌肉紧张、握紧拳头、全身颤抖、神情迷离或出现痛苦的表情等，类似于成年人的性高潮表现。

现代性学研究进一步肯定了儿童的性高潮："一些婴儿表现出来的性反应很接近成人性高潮的状态，金赛和他的同事的记录表明男婴在 5 个月大的时候就能够表现出一种类似于性高潮的行为，女婴则在 4 个月大的时候就可能出现。虽然男婴的性高潮状态与成年男人很相似，但是不会出现只有在青春期以后才能发生的射精现象……总的说来，孩子像成年人一样通过手淫获得性高潮的现象是普遍存在的。"

手淫行为会在孩子 6 岁前的任何年龄阶段出现，时有时无，5~6 岁达到高峰期，之后孩子的手淫行为会逐渐减少或消失。手淫只是孩子性发展过程中的正常现象，父母不要羞辱、贬低、打骂孩子，破坏孩子建构健康的性心理的过程，以免孩子成年后出现心理性的性功能障碍。

父母可以这样应对孩子的自慰行为：

第一，告诉孩子不可以在有人的地方摸"小鸡鸡"，让孩子明白自慰行为的界限，构建羞耻观、隐私意识。

第二，告诉孩子不可以弄伤生殖器，要保护自己的身体。

第三，告诉孩子把手洗干净后再摸生殖器。

第七章

长大以后

幼儿对性别角色的认知

7.1 哎呀，我要生宝宝啦

我们来玩生宝宝的游戏吧！
好的！
好哟！
我要当爸爸！琪琪，你是我老婆！
我要当医生！
我当妈妈喽！
我怀孕啦！我有宝宝啦！
孩子出来了！
哎呀哎呀！疼死我了！老公，我要喝鸡汤……
我去给你和宝宝买牛奶！

胡萍老师说

孩子在6岁前对过家家这一类的游戏非常感兴趣，通过游戏，他们可以体验丈夫、妻子、孩子的角色，了解家庭成员分工，学习照顾他人、处理家庭矛盾等能力，有助于了解社会的结构，发展自己的性别角色。因此，父母和老师不要阻止、讥讽、嘲笑孩子的这些游戏。

这是孩子的游戏，妈妈只需要配合孩子游戏就可以了，不需要给孩子解释其他细节问题。这个阶段的孩子可以在游戏中将周围的物体、人或活动转换成他们希望的任何东西。

日常生活中，孩子获得了妈妈如何生下并喂养孩子的经验以后，会通过游戏来体验这样的过程，琪琪就是这样。她在游戏中将玩具娃娃转换成自己的宝宝，自己扮演宝宝的妈妈，然后想象自己怀孕生孩子的过程，并模仿妈妈照顾宝宝的活动。

琪琪在这样的游戏中可以发展对女性角色的认识——女人要当妈妈，同时体验妈妈照顾孩子的过程——给孩子喂奶。在这个游戏中，琪琪还会通过对妈妈的模仿，学习如何关爱孩子，琪琪在这个游戏中发展了她的性别角色，并没有什么坏处，父母不需要干预。

7.2 我能生个女孩，一定是

当琪琪说出小宝宝是被她连同牛奶一起喝下去的想法时，妈妈用“呃”回应琪琪是聪明的做法，因为3岁的琪琪还没有探索到“精子如何与卵子结合”这个问题，妈妈现在还不需要向琪琪讲解精子与卵子结合的过程。这就是“有问才答”。

父母应该尊重孩子了解自己和人类生命现象的权利，对孩子的提问做到有问必答，不可以回避和转移孩子的话题，否则会让孩子感觉到性话题的神秘性，反而激起孩子探索的欲望。如果孩子得不到满意的答案，他们就会纠结其中，要么坚持不懈地向父母索要这个问题的答案，要么通过网络和同伴自行探索，父母就失去了对孩子了解性信息的掌控，也失去了与孩子交流性话题的契机。

对于6岁前的孩子，父母不要主动给孩子讲解更多的性知识，在孩子提出问题后，只需要针对问题进行回答就好。

7.3 我要娶四个老婆

是不是在有的国家，男的可以和男的结婚？
是的。
是不是有的国家一个男的可以讨四个老婆？
是的。
我以后要到这个国家去，还要把我喜欢的四个女孩带到那个地方，和她们结婚！
你要有钱来供养四个老婆，这些老婆还会吵架、打架，你要解决她们的矛盾。
是啊。第一天和第一个老婆有矛盾，第二天和第二个老婆有矛盾，第三天和第三个老婆有矛盾，第四天和第四个老婆有矛盾。哎呀，还是需要四个丈夫吧！
呵呵。

“你要赚很多钱才能娶到四个老婆，这些老婆还会和你吵架的哦！”是妈妈给儿子输入的婚姻价值观，这样的价值观有可能会让儿子对未来的婚姻产生迷茫，不太妥当。

妈妈将“婚姻”解释成了物质供养和人际矛盾，这样的解释对于正处在建构人际关系概念阶段的嘟嘟来说是不正确的。在对孩子解释“婚姻”时，父母应该将美好的情感与和谐的关系放在第一位，帮助孩子建构积极正面的婚姻概念。

当嘟嘟说到要把四个女孩带到允许多妻制的国家，与四个女孩结婚时，妈妈可以这样回应嘟嘟：“如果这四个女孩真的爱你，愿意跟着你到这个国家，你也爱她们，就没有问题啦！”这样回答给嘟嘟输入的信息是，婚姻的基础是相互爱慕，同时还要遵守国家的婚姻制度。

7.4 妈妈，你把我生成女孩吧

我想做女孩！女孩可以穿裙子、涂指甲油、抹口红！

当男孩多好呀，可以玩手枪、篮球、足球呢！

我要穿妹妹的花裙子嘛！我到你肚子里去，你把我生成女孩嘛！呜呜呜……
女孩才能穿裙子，男孩只能穿裤子，你看幼儿园里小朋友都这样穿的。

妈妈可以平静地告诉嘟嘟：“你是男孩，不可以穿女孩子的衣服去幼儿园。不过，你可以在家里穿裙子。”这样，既能帮助嘟嘟认知自己的性别，又能满足嘟嘟对异性服饰的好奇。

孩子在 3~4 岁阶段，出于好奇，会产生想体验穿异性服装的想法：男孩要求穿妈妈或其他异性的衣服；女孩拒绝穿裙子和扎蝴蝶结，要求穿男孩的服装。这些只是孩子性别发展过程中的正常行为，并不是性别认同障碍的表现，父母不必紧张。父母可以在家里满足孩子尝试穿异性服装的要求，他们的好奇心一旦得到满足，对异性着装的尝试欲望很快就会消失了。

7.5 妈妈的“咪咪”真好看

此时的琪琪已经观察到家里的男人都没有乳房，而妈妈和奶奶有乳房，她已经明确了自己的性别，但是她不清楚为什么自己是女孩却没有乳房。妈妈应当允许琪琪观察她的乳房，同时告诉琪琪，她长大后就会长出乳房来，帮助琪琪进一步确认和了解自己的性别。

孩子从出生就开始了对性别的认识。在观察和感受不同性别的特质中，孩子建立了自己对性别认识的方式和收集相关信息的途径，然后他们尝试去按照这些特质生活，逐渐形成男性化或女性化的气质。绝大部分的孩子在 3 岁左右对自己的性别形成了稳定的理解和认同。3 岁以后，孩子逐渐认识到男女身体的不同。孩子的性别意识和角色的发展来自父母的教养方式和孩子自身的学习。

孩子在日常生活中通过观察父母的身体差异，并跟自己的性别统合，从而确认和认知自己的性别及身体特点，这是孩子性认知发展的正常轨迹，父母应当支持。

7.6 我为什么没有“咪咪”

最后，王子和公主幸福地生活在一起！
妈妈，你的胸部为什么这么大？
啊？别乱摸！
我的胸部小，爸爸的胸部也小，为什么只有妈妈的大？
?
我也是女孩，为什么没有“咪咪”？
女孩长大后要做妈妈，要给宝宝喂奶，所以妈妈的胸部就大呀。

你已经长大了！
不能再吃奶了！
妈妈，我要摸“咪咪”，还要吃奶！

哥哥，等琪琪长大了，长出妈妈那样的“咪咪”……
然后生了小宝宝，就有奶了，到时候我就可以喂给你吃了！

……
琪琪你真好！

胡萍老师说

通过观察和思考日常生活中的点滴，琪琪渐渐认知和理解了自己的性别角色，她已经知道自己长大后会生小宝宝并做妈妈，还给小宝宝喂母乳。当琪琪说长大了给哥哥喂奶吃时，妈妈尊重琪琪认知和理解自己性别角色的过程，没有用“羞羞，不准说这样的话”等这一类的话训斥琪琪，是一位有智慧的妈妈。

孩子在 4 岁左右会对妈妈的乳房突发好奇心：为什么妈妈的胸部比爸爸的大？妈妈的胸部是用来做什么的？为什么我没有妈妈那样大的胸部？

这些困惑导致孩子在断奶之后再次关注妈妈的乳房，向妈妈提出看乳房、触摸乳房、吸吮乳房看看里面还有没有奶水的要求，妈妈应当满足孩子的探索欲望，允许孩子再看一次乳房、摸一次乳房、吮吸一次乳房，并正面回答孩子有关乳房的问题。孩子的探索欲望被满足后，他们就不会再关注妈妈的乳房了。

在这个故事里，如果妈妈之前已经满足了嘟嘟对乳房的好奇，这一次妈妈要拒绝嘟嘟摸乳房和吃奶的要求，帮助嘟嘟脱离恋母，建构身体界限。

7.7 长大后我就会有“咪咪”

女生的是鼓的，男生的是平的，对吗？
是呀！
我也是女生！为什么是平的？
等你长大后，“咪咪”就鼓啦！
琪琪好想快快长大！
……

在中国传统文化里，女性的乳房是羞耻的，月经是肮脏的。如果女孩不接纳自己的性别，认为乳房很羞耻、月经很肮脏，这种错误的认知会导致女孩出现心理障碍，无法面对青春期出现的一系列身体变化。

父母在养育女孩时，不要对女孩的身体用“羞羞”这样的词语；在女孩进入青春期前，父母要主动和女孩交流，告诉她们身体即将出现的变化。这么做有益于女孩建立自信和自尊，为她们接纳自己在家庭和社会中的性别角色打下基础。

当孩子在 3 岁左右确认并理解自己的性别后，男孩会将父亲作为自己成长的模板，女孩会将母亲作为自己成长的模板。在模板的示范作用下，男孩开始模仿父亲如何做男人、做丈夫、做儿子、做父亲；女孩开始模仿母亲如何做女人、做妻子、做女儿、做母亲，性别角色的发展逐渐完善。

此时的琪琪已经认知了自己的性别，期盼着自己的身体变得和新娘一样漂亮，这样的心理有利于琪琪性别意识的发展。

7.8 穿穿妈妈的“奶皮”

当爸爸妈妈遇到这样的情况时，要自然平静地让孩子体验想体验的事物。当孩子体验过了，他就不再好奇了，会将兴趣转移到其他事物上。如果得不到满足，孩子的好奇就会持续下去。既然琪琪用自己的语言称呼胸罩，爸爸妈妈就不需要告诉琪琪胸罩的名称和用途了。

在孩子性别发展的过程中，孩子是一个主动的学习者，他们积极地模仿和学习男人与女人的角色特质，就像琪琪一样，幼年阶段就开始模仿母亲的角色，这种主动的模仿过程就是孩子在进行性别角色的学习过程。成人的作用则是帮助孩子理清学习中的困惑，以保证他们性别角色发展的顺利进行，所以，琪琪的妈妈只要顺其自然，不要阻止和干涉孩子的模仿行为就好。一段时间后，孩子满足了这个需求，她的注意力就会转移到对其他事物的兴趣中。

爸爸可以坦然地从琪琪手上拿过胸罩，对琪琪说：“嗯，琪琪帮妈妈把‘奶皮’放到衣柜里吧”。

7.9 要当妈妈喽

啦啦啦!
这孩子往小内裤里垫什么啊!
我塞~
我怀孕啦!和妈妈一样!
我最喜欢看妈妈洗澡了!等我长大了……
等你变小了，我就帮你洗澡，像你现在帮我洗澡一样。
啊!乖女儿，妈妈好感动!

胡萍老师说

当妈妈看到琪琪在模仿自己使用卫生巾时，可以平静地告诉琪琪：“等你长大到十几岁，你就会像妈妈一样用卫生巾了。宝贝，你现在还不需要它。”6 岁前的女孩喜欢把自己扮成孕妇玩生孩子的游戏，还会要求父母配合自己玩生孩子的游戏，比如让妈妈在游戏中扮演医生的角色或者丈夫的角色，这个时候父母应尽量满足孩子的愿望。

孩子早期的性别角色的发展与父母的行为示范息息相关。一个女孩要学习母亲如何做女儿，她需要体会母亲与公公婆婆的相处；要学习母亲如何做一个妻子，她要看到母亲如何与父亲经营情感和婚姻；要学习母亲如何做一个女人，她要看到母亲的柔情；要学习母亲如何做一个妈妈，她要体验母亲如何给予孩子爱、帮助和保护。

母亲与女儿的朝夕相处为女孩提供了学习的机会和榜样，如果家庭中母亲（女性）的角色缺失，女孩就会将学习的榜样转移至父亲，形成女孩男性化倾向，女孩的性别角色发展会受到挫折。

日常生活中，女孩看到妈妈对他人的关爱和照顾，就视妈妈为成长的榜样，模仿妈妈关爱他人，这一类的模仿对女孩发展性别意识有着积极的影响。

与幼儿其他机能的发展一样，幼儿认同自己性别的过程以及幼儿性别角色的发展都存在着一个关键期。这个关键期是从孩子出生开始到 3 岁。

婴儿自出生后就开始主动学习性别的差异，他们认真观察父母的差异——说话的声音、衣服的样式、头发的长短、交流的方式……孩子逐渐掌握了判断一个人是男人还是女人的“窍门”；与此同时，父母在养育儿女的过程中也表现出明显的性别差异，即男孩女孩的玩具、衣服等都“男女有别”；孩子在与小伙伴的交往中，也会逐渐明白男孩和女孩的差异。孩子在两岁半至三岁的时候，就能确认并理解自己的性别了。

与孩子 2 岁前通过观察服装、发型等“表面现象”判断一个人是男人还是女人的方法不同，随着认知的发展，2 岁后的孩子会开始逐渐关注男人和女人身体的不同。他们看大人洗澡，看大人上洗手间，看小伙伴的身体……通过这些行为，他们就更加明确了男人与女人的本质差别，更加明确了自己是男人还是女人。这是幼儿性别意识发展的重要阶段。

当孩子确认自己的性别后，他们开始寻找效仿的对象。在家里，男孩将父亲作为自己效仿的对象，女孩将母亲作为自己效仿的对象。男孩通过长期地效仿父亲，最终成长为男人，女孩通过长期地效仿母亲，最终成长为女人。

孩子在成长的过程中，需要完整的家庭，需要父母为他们做示范：怎样做一个父亲，怎样做一个母亲，怎样做一个男人，怎样做一个女人，怎样做一个妻子，怎样做一个丈夫等，通过父母长期潜移默化的性别角色示范，孩子会逐渐掌握经营两性情感和经营家庭生活的基本能力。

在我国，教养子女的责任多由母亲承担，孩子与父亲相处的时间相对较少，一些家庭因为父亲的工作原因，孩子会长时间见不到父亲，与父亲相处的时间少，导致一些 2~3 岁的男孩无法完成从认同母亲到认同父亲的转变过程，找不到可以效仿的男性榜样，出现了男孩女性化的倾向。因此，父亲要尽量多陪伴男孩，实在无法做到长时间陪伴男孩，至少要让男孩多跟男性亲属接触。

对于单亲家庭的孩子来说，无论是父亲单独抚养孩子，还是母亲单独抚养孩子，都应该让孩子多多接触异性成年人，让孩子参加有异性亲属的家庭聚会。

同时要注意的，父母不可以扰乱孩子性别意识的发展。

一些父母偏爱女孩，把男孩当女孩养，给男孩穿裙子、梳小辫；一些父母偏爱男孩，把女孩当男孩养，导致孩子无法将自己的身体结构与性别的其他特征统一起来。

父母对 2 岁前的孩子进行长期的跨性别教养，容易导致性别认同障碍；父母对孩子的性别表示不满，会影响孩子接纳自己的性别，孩子对自己的性别产生自卑、自贬心理。这些被父母干扰性别认知的孩子，成年后因不认同自己的性别，容易后天形成同性恋或者想做变性手术。

第八章

我要和爸爸（妈妈）结婚

帮孩子度过恋父恋母期

8.1 爸爸，我和妈妈谁更漂亮

女孩与妈妈争夺爸爸，会步步紧逼爸爸在妈妈面前表达出爸爸更爱女儿的言语和行为。如果爸爸满足了女孩的要求，女孩就觉得在“争夺男人的战争”中自己是个胜利者，会用得意和挑衅的眼神藐视妈妈。自然，这让妈妈感觉失落和无奈。

遇到这种状况，爸爸正确的做法是搞中庸。

例如，故事里爸爸可以对琪琪说：“爸爸帮妈妈梳好头发，就来帮你梳头。”“琪琪和妈妈一样漂亮！”爸爸对妈妈表达爱意时，比如拥抱的时候，一定要给琪琪一个拥抱，然后一家人拥抱在一起。这么做，琪琪会渐渐明白：爸爸很爱妈妈，也一样爱我，我不可以独占爸爸，不能再和妈妈“争夺男人”了。

8.2 妈妈，把爸爸卖了吧

啊？
妈妈，我们把爸爸卖了吧！
为什么要把爸爸卖了啊！
我不要爸爸和妈妈在一起！
那可不行啊，爸爸是妈妈的老公啊，不能卖的。
哼，我要你把爸爸卖了！
不要哭了，乖！
喂喂！
要不我们把爸爸从窗户扔出去吧！
啊？

胡萍老师说

嘟嘟把爸爸看成竞争对手，想尽各种办法鼓动妈妈将爸爸赶出家门，然后独占妈妈。

妈妈可以明确地告诉嘟嘟：“我们家不能没有爸爸，嘟嘟和爸爸都是妈妈非常爱的人。”无论嘟嘟如何吵闹，妈妈都坚持这么说。爸爸不必理会嘟嘟的争风吃醋，坚持与嘟嘟妈妈表现出良好的情感关系。一段时间后，嘟嘟会发现他无法改变妈妈对爸爸的爱，无法独占妈妈，就渐渐打消了独占妈妈的念头。

应对孩子“吃醋”的具体方法：当爸爸妈妈在一起的时候（拥抱、依偎着看电视、牵手散步等），孩子冲过来要将父母分开，父母可以和孩子拥抱在一起，或者让孩子坐在父母中间，并告诉孩子爸爸妈妈都爱他。如果孩子要问爸爸或者妈妈：“你到底是爱我，还是爱他（她）？”父母可以回答：“我和妈妈（爸爸）很相爱，我们也爱你！”

无论孩子表现出怎样的“醋意”和“攻击性”，被孩子排挤的一方都不可以与孩子闹气，因为这是孩子情感正常发展的过程。在这段关系中，被孩子示爱的一方的表现非常重要，要反复向孩子表达清楚一个概念——“我很爱你的爸爸（妈妈），他（她）也爱我！”

要让孩子明白，妈妈和爸爸是最亲密的爱人，谁也不能改变这种关系。

8.3 妈妈，我俩结婚吧

嘟嘟，等你长大了，可以和自己喜欢的女孩结婚，然后生一个小宝宝。
我们让爸爸当我们的小宝宝！
你是我和爸爸的小宝宝啊。

妈妈，等我长大了，我们也生个小宝宝吧！

母亲是孩子第一个依恋的对象，孩子出现想要独占母亲、抵触父亲的行为是正常现象，父母不要过于紧张。父母要让孩子明确地认识到父母与孩子之间有牢不可破的三角关系——妈妈深深爱着爸爸，也深深爱着宝宝，谁也不能独享妈妈的爱。

儿童的恋父恋母情感还表现在向父亲或母亲“求婚”，孩子认为结婚就能够与他爱的人永远幸福地生活在一起。如果孩子向父母“求婚”，父母可以明确地拒绝孩子，并让孩子明白爸爸和妈妈已经结婚，父母不可以与自己的孩子结婚。

嘟嘟的妈妈可以告诉他：“妈妈已经当过爸爸的新娘，就不能当你的新娘了呀！”这样回答就可以让嘟嘟明白，妈妈已经属于另外一个男人了。这是帮助嘟嘟脱离恋母情感的正确做法。

8.4 爸爸，我要和你结婚

爸爸！我要跟你结婚！
我已经和妈妈结婚了，男人不能和自己的女儿结婚的。

那我要和谁结婚啊？
等你长大了，找一个你喜欢的男人结婚啊！

那我和强强结婚，他是我的好朋友。

那你得问问强强愿不愿意啊！
我明天就去问他！

胡萍老师说

当孩子向爸爸或者妈妈“求婚”时，父母一定要拒绝，然后告诉孩子：“我已经和妈妈（爸爸）结婚了，孩子不可以和爸爸妈妈结婚，等你长大了可以和自己喜欢的人结婚。”这是帮助孩子脱离恋父恋母的契机，也是让孩子明白家庭伦理的“教机”。

女孩恋父和男孩恋母是孩子性别意识和性别角色发展的基础，女孩通过了解父亲了解男人，也体验被男人宠爱的幸福和快乐，通过学习妈妈的行为，在爸爸这个男人面前塑造自己的“女人味”。

琪琪的爸爸直截了当地拒绝孩子，并让孩子明白爸爸和妈妈已经结婚。当琪琪告诉爸爸要去问强强是否愿意和她结婚时，爸爸没有嘲笑琪琪，这也是很好的应对方式。

8.5 我要和奶奶结婚

我喜欢奶奶，我以后要和奶奶结婚。
为什么？
我不可以和你结婚。
那我的妈妈怎么就能当你的媳妇呢？
我的妈妈不可以当你的媳妇儿啊！
哈哈哈哈哈哈

在儿童的理解中，“结婚”就是“和喜欢的人成为最好的朋友”。儿童将结婚视为“做好朋友”的精神约定，而且还是单方面的精神约定——我喜欢他，我要和他结婚，他们甚至不明白结婚对象必须是异性。因此当孩子说和同性小伙伴结婚时，父母不必担忧孩子有同性恋倾向。

随着认知能力的发展，孩子逐渐明白结婚是一个男人和一个女人的结合，但他们仍不理解伦理关系，认为自己可以和家里的异性结婚。等他们再长大一些，才会明白社会为结婚建立了哪些规则。

嘟嘟向奶奶求婚，这是爸爸妈妈向嘟嘟讲解婚姻关系与家庭人际关系的契机。爸爸可以简单地告诉嘟嘟：“你不能和奶奶结婚，因为奶奶已经和爷爷结婚了。你可以和自己喜欢的女孩结婚，当然女孩也要喜欢你。”向孩子讲解简单的家庭人员关系和社会伦理。

8.6　三口子睡一起吧

不可以，你已经长大了，要自己睡觉！
我想和妈妈睡在一起！
我和妈妈是夫妻，所以要睡在一起。
爸爸也是大人，为什么可以和妈妈睡在一起？
就是两口子
什么是夫妻呢？
……
那我们就是三口子，现在可以和你睡在一起了吗？

我们相爱了，
所以我们睡在一起。
我已经和爸爸相爱了，
你应该和你年纪差不
多大的女孩子相爱。
是啊，妈妈已经
是我的爱人了！
哼！
回去睡！
我明天找个
小姐姐去！

孩子不愿在自己的房间里独立睡觉，是很多父母的棘手问题。父母要坚持和孩子分房间睡觉，不要因孩子苦苦哀求就放弃，以致延长孩子分房睡的适应期。

妈妈可以这样帮嘟嘟适应分房睡觉：陪嘟嘟回到他的房间，给嘟嘟讲睡前故事，然后与嘟嘟亲吻、道晚安。这么做可以让嘟嘟明白：爸爸妈妈不让我睡在他们的大床上，但他们依然爱我。孩子在自己独立的房间里可以享有自由的空间，保证自己的权利，对于培养孩子的责任感和独立精神有着重要的作用。

与孩子分房间睡觉的 6 个注意事项：

1. 每个孩子都需要独立的房间，不可以让性别不同的孩子在同一个房间睡觉，即使这两个孩子是兄妹或者姐弟。

2. 按照步骤为孩子分房间睡觉。首先要真诚地与孩子交流，让孩子真心意识到自己长大了，自愿与爸爸妈妈分开睡觉。

3. 异性同伴不可以在一个房间睡觉。如果父母们实在不忍心将孩子们分开，必须要有一个成年人陪伴，即使是同性别的孩子同住一屋，也最好有一个成年人陪伴。

4. 孩子不可以与妈妈长期睡在一起。如果孩子长期与妈妈睡在一张床上，孩子的独立性和自主性的发展会滞后，而且容易出现恋母情结。

5. 分房的时间不可以放在孩子刚上小学的时候。孩子刚进入小学的时候，需要用大量的心力来适应新环境，如果在这个阶段与孩子分房睡觉，就会让孩子心力交瘁，导致分房的过程更加艰难。

6. 帮助孩子攻克害怕。一些孩子因为怕黑、怕怪兽不愿意分房间睡觉，父母可以用讲故事或者玩游戏的方式帮孩子慢慢适应独立睡觉的过程，耐心地坚持，相信孩子总有一天会度过这个阶段。

8.7 不爱爸爸，他没有大“咪咪”

爸爸可以骄傲地告诉嘟嘟："虽然爸爸没有大"咪咪"，但爸爸有大肌肉，有很大的力气，可以保护你和妈妈哦！"向嘟嘟展示男性的力量美，让嘟嘟明白爸爸和妈妈都有值得爱的一面。

孩子脱离恋父恋母是一个痛苦而漫长的过程，需要得到父母的帮助和支持。父母需要对孩子进行教化，将人类社会的性道德伦理潜移默化地传递给孩子。父母对孩子的教化不是说教，不是对孩子讲一通大道理和知识，而是在日常生活的细节中，通过行为和语言对孩子进行影响。从给孩子离乳、拒绝孩子摸乳房、拒绝孩子随意摸弄妈妈身体，到与孩子分床和分房间睡觉、拒绝孩子的"求婚"，一直到孩子青春期的叛逆，都是孩子脱离恋父恋母的挣扎过程。

父母帮助孩子脱离恋父恋母的总原则：当孩子利用父母的身体或者同伴的身体进行性活动的时候，父母要及时结束当时的状态，平静地转移孩子的注意力，引导孩子去做其他事情。

在处理这种情况的时候要注意两点：第一，父母不可以让孩子感觉到自己做了错事，不可以让孩子感觉耻辱和负罪感，不可以让孩子认为，如果自己这样做，爸爸妈妈就不喜欢自己了；第二，不要针对孩子的性活动讲一通大道理，比如要尊重妈妈身体隐私之类，孩子听不明白，重要的是父母用行动结束这个行为，与孩子建立身体界限。

8.8 妈妈，我下周就不摸“咪咪”了

第二周……

第三周……

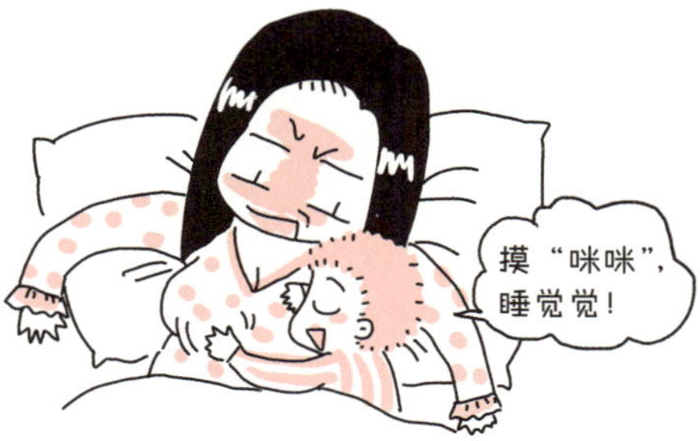

孩子断奶后，妈妈要逐渐减少孩子摸乳房的次数，断奶半年后要拒绝孩子摸乳房。这是帮助孩子脱离恋母的需要。同时，妈妈应满足孩子工作（儿童为了自己内在发展所进行的活动就是儿童的工作）的需要，让孩子通过工作获得精神上的愉悦。

孩子 5 岁左右时进入恋母的高峰阶段，长期摸妈妈乳房会导致孩子将其作为满足性欲的方式。当孩子伸手摸乳房时，妈妈要抓住孩子的手，明确地拒绝孩子："不可以！"不需要解释原因，更不能在约定"下周一不摸了"后，违反约定继续同意孩子摸乳房。如果孩子大哭大闹要求摸乳房，妈妈一定要坚持住，不能妥协，孩子被拒绝几次后就不再要求摸妈妈乳房了。

妈妈不可以用乳房作为修复与孩子情感关系的媒介，将孩子与母亲的关系建构在妈妈的乳房上，妈妈也因为想与孩子修复关系而顺从孩子摸乳房的要求，这种亲子关系是不健康的。妈妈应该坚持拒绝孩子摸乳房，重建与孩子的亲子关系。

8.9 亲亲我的“小鸡鸡”

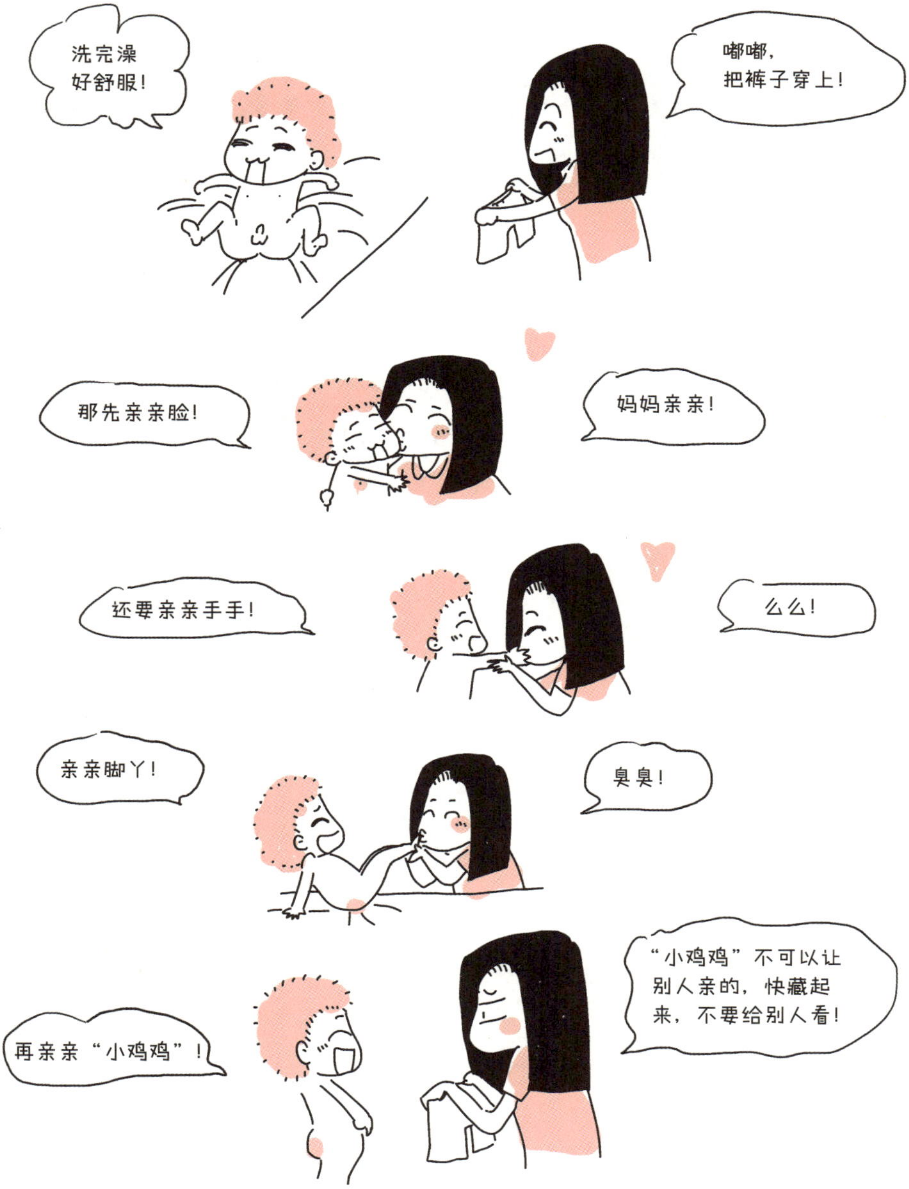
洗完澡
好舒服！
嘟嘟，
把裤子穿上！
那先亲亲脸！
妈妈亲亲！
还要亲亲手手！
么么！
亲亲脚丫！
臭臭！
再亲亲“小鸡鸡”！
“小鸡鸡”不可以让
别人亲的，快藏起
来，不要给别人看！

胡萍老师说

弗洛伊德认为，“儿童性对象的选择存在两个阶段，一个是幼儿时期，一个是青春期。儿童在幼儿时期便寻找着性欲的对象，儿童常常选择一个固定的性对象，把一切性的追求都对准这个人，希望在他那里达到性目的，这是儿童模仿青春期生活的最佳途径。”

6 岁前的孩子会将父母作为情欲对象，以获得性刺激带来的兴奋感。例如，要求妈妈亲吻、亲亲“小鸡鸡”，在父母身体上摩擦性器官。妈妈拒绝了嘟嘟亲“小鸡鸡”的要求，这么做能让嘟嘟清楚地认识到人与人之间有行为的界限。妈妈没有向嘟嘟讲解人类社会的伦理道德，因为嘟嘟的认知能力还不能够理解这些概念。用孩子听得懂的语言回答孩子的问题，这是解答孩子有关性问题的一大原则。

你做对了吗

母亲与婴儿之间充满爱的互动，给予了婴儿安全感和自我肯定，对孩子自我的发展起着重要影响。母亲是孩子第一个爱恋的对象，2 岁前的孩子，不论男孩还是女孩，都对母亲充满了依恋之情。

随着年龄的增长，女孩恋父，男孩恋母，进入人类学习与异性情感交流的重要阶段，也是人类发展经营两性情感的初级阶段。

妈妈是男孩朝夕相处的第一个异性，是深爱着男孩的第一个异性，男孩从母亲处了解女人，体验与女人相爱的感觉。男孩会学习爸爸的言行，在妈妈这个女人面前塑造自己的“男人味”。

在塑造“男人味”“女人味”的过程中，男孩和女孩开始认知并发展自己的性别角色。恋父恋母是孩子性别角色发展过程中的必然经历，是他们情感发展的需要，为他们将来了解异性、经营两性情感奠定了基础。

恋父恋母的典型特征是孩子想独占父亲或者母亲，女孩与母亲争夺父亲的宠爱，视父亲为“我的男人”；男孩则排挤父亲，视母亲为“我的女人”。甚至孩子有时候会把父亲或者母亲视为满足性冲动的对象，比如妈妈与儿子睡一个被窝，儿子可以随意触摸妈妈身体的任何部位。

孩子脱离恋父恋母是一个痛苦而漫长的过程。离乳、被妈妈拒绝摸乳房的要求、与爸爸妈妈分房间睡觉、向爸爸妈妈“求婚”遭到拒绝、独立洗澡、独立洗屁股……这些都是孩子脱离恋父恋母的痛苦过程，他们需要成人的帮助。如果孩子3岁时还在吃母乳，5岁时还与父母睡一张床，6岁时还让父母帮着洗澡等，这种溺爱和无知会让父母失去帮助孩子脱离恋父恋母的契机。

人类物种健康繁衍的本能和社会伦理道德，要求孩子摆脱恋父恋母的心理和行为。孩子会在6岁前经历“婚姻敏感期”，会爱上了同龄伙伴或者其他成人。这种爱让孩子如痴如醉，发誓要在将来的某一天和自己爱的人结婚。随着孩子对社会伦理道德的深入认知，他们脱离恋父恋母，进入青春期后就会选择父母以外的人做爱恋的对象。如果孩子在六七岁以后，仍然沿袭着幼年时期将父母作为自己的情欲对象的原始情感、排斥同性家长及继续在父亲或者母亲身体上寻求性满足，这就说明已经形成了恋父情结或恋母情结。恋父情结、恋母情结是孩子性心理发展受挫的结果。

第九章

幼儿园里的小小恋人

尊重孩子的“爱情”

9.1 嘟嘟"爱上"了茜茜

嘟嘟喜欢茜茜，但年幼的他还没有掌握用语言表达爱慕之情的能力，心智也没有发展到通过观察茜茜的言行来判断茜茜是否喜欢他的程度。嘟嘟想尽办法向茜茜展示自己最好的一面——用翻跟头来吸引茜茜的注意。茜茜不明白嘟嘟的用意，对嘟嘟毫不理会，但嘟嘟依旧不遗余力地表现自己的“才华”，跟屁虫一样地追着茜茜。这体现了嘟嘟追求异性的勇气和信心，也是发展人际交往能力的好机会。此时，父母或老师不要干预茜茜和嘟嘟的行为。

当孩子在对父母述说自己的爱情时，父母只要认真听，让孩子感觉到他（她）的主动分享被父母接纳和理解，不需要父母说太多的话，也不要对孩子提过多的问题。如果孩子在交流中提出问题，父母要尽力为孩子解答，保持交流的顺畅。

9.2 哥哥，你嫁给我吧

哥哥，你肯定不能跟茜茜结婚。
为什么不能？茜茜喜欢我，我也喜欢她。
因为你比茜茜矮，要是结婚了一看，哇，你比她矮这么多呀，那怎么行！
我长大了就比茜茜高了。
哥哥，我非常喜欢你，你嫁给我，我们结婚吧，好吗？
你讲什么？
你愿意嫁给我吗？你说愿意！
好啦好啦！愿意！
那我们永远在一起，好吗？
好！

为了能和嘟嘟结婚，琪琪采用了三个步骤扳倒了“情敌”茜茜：

第一步，告诉嘟嘟与茜茜不般配。

第二步，温柔地向嘟嘟求婚。

第三步，用武力逼迫嘟嘟屈服。

琪琪最终达到了目的，而嘟嘟虽然嘴上答应了琪琪，心里却没有改变对茜茜的情感。两个孩子在“求婚”中都得到了练习，掌握了与异性经营情感的能力。也许在下一次的“求婚”中，嘟嘟会坚持自己的原则，表明自己只喜欢茜茜，不想和琪琪结婚。

9.3 琪琪“恋爱”了

妈妈，我们班来了一个新同学，他叫锐锐。
真的啊！
第二天
我帮你！
第三天
锐锐，送给你！
谢谢琪琪！
第四天
哈哈哈！
第五天
妈妈，这是锐锐送我的糖！我要嫁给他！
啊？

胡萍老师说

6 岁前的孩子已经开始学习经营情感，父母需要关注孩子在这个阶段的情感发展，不可以任意破坏孩子的情感。

当琪琪对妈妈讲述自己的爱情故事，告诉妈妈自己要和锐锐结婚时，妈妈应意识到琪琪已经进入了学习经营两性情感的重要阶段。妈妈要尊重琪琪的这种感觉，积极正面地回应琪琪："看来锐锐很喜欢你啊！"不要给琪琪讲解结婚的意义，把成年人的结婚概念强加给琪琪，更不能否认、贬低、羞辱孩子的情感，不要说"你羞不羞啊！""说什么嫁给他，这么小懂什么！"等这类话，否则会伤害琪琪。

孩子告诉父母自己情感深处的隐秘事情，是想获得父母的情感支持。如果父母将孩子的情感当作笑谈，会让孩子感觉到自己的情感被亵渎，这会让孩子伤心和生气。

9.4 锐锐和琪琪“结婚”了（1）

胡萍老师说

儿童对于结婚的理解是“我和他将成为最好的朋友，所以我们要结婚”，这与我们成人对结婚的理解完全不同。儿童通过结婚、过家家来理解成人社会的家庭关系，这是儿童社会化的一个过程。妈妈可以与孩子继续交流：“嗯，你们什么时候结婚啊？你们想怎么结婚呢？”

琪琪正处在认知婚姻的阶段，与家人的交流让她懂得“只要两个人相爱，就可以结婚了”。妈妈不必告诉琪琪“结婚”的真正含义，而是抱抱琪琪说：“恭喜我的宝贝！”

什么时间“结婚”、“结婚”的仪式如何、是否邀请朋友等，这些都是应该由两个孩子自己决定的，成年人不可以干预太多。在“筹备”自己的“婚礼”期间，孩子的自主性、创造性、统筹能力、思维能力、审美能力等都能够得到一次发展的契机，如果成年人包办了孩子的婚礼，就夺走了孩子这次发展契机。所以，在帮助孩子成长中，成年人不仅仅需要热情和“好意”，更需要教育的智慧！

9.5 锐锐和琪琪“结婚”了（2）

胡萍老师说

孩子按照自己的方式“结婚”，这是孩子模仿成年人社会活动的过程。孩子们在结婚的游戏里扮演夫妻的角色，家长和老师不要将“责任”“权利”等婚姻观念强加到孩子们的游戏里。

琪琪和锐锐穿着“结婚礼服”向老师“报喜”，老师可以回应他们说：“恭喜你们！”如果琪琪和锐锐邀请老师主持他们的结婚仪式，老师应尽力配合他们。

我们小时候都玩过家家的游戏，在游戏中，孩子们扮演爸爸、妈妈和宝宝，从来没有成年人在我们玩过家家游戏的时候，要求扮演夫妻的两个孩子必须要有责任感，必须要白头到老，长大后必须要成为夫妻，否则，就不可以在过家家游戏中扮演夫妻。因为没有成年人的道德绑架和横加干涉，这个游戏得以延续千年，孩子们乐此不疲。

成年人婚姻中的责任感不是在孩童时期的结婚游戏中建立起来的，而是在成年人对孩子日常生活的教养中建构的。如果孩子没有得到良好的教养，成年后就不能够担负起婚姻中的责任。

9.6 吃醋的小恋人

啊！
琪琪，
怎么了？
呜……
琪琪很难过，是不是家里发生了什么事？
没什么啊，是不是午睡时需要老师陪伴一会儿？
我一靠近她，她就大哭，叫我走开。
!
哇哇……呜呜……锐锐为什么睡在月月身边啊……呜呜……

胡萍老师说

孩子在幼儿时期经历恋爱中的快乐、甜蜜、痛苦，失恋、吃醋、嫉妒……这些都是孩子情感发展的必经之路，父母不要干预孩子，更不要为孩子的情感出头做主。

与锐锐“结婚”后，琪琪依旧睡在原来的床位，她看到锐锐与旁边床位的女孩说话，心里难受。经历爱情的时候孩子也会吃醋，父母和老师要接纳琪琪的感受。老师或父母可以拥抱琪琪，安抚她的情绪，与琪琪交流道：“我知道，你看到锐锐和别的女孩讲话会感觉到难受。但是，就算锐锐和你“结婚”了，也可以和其他女孩讲话。就像爸爸和妈妈虽然结婚了，但爸爸也在和其他女人讲话，妈妈也在和其他男人讲话，是这样的吧！”帮助琪琪用开放的心态接受锐锐，这对琪琪将来经营两性情感是非常重要的。

成年人不要用诋毁锐锐的方式安抚琪琪，不可以说：“锐锐对琪琪不好，琪琪不喜欢他就是了！”“锐锐让琪琪难过，我们都不喜欢他了。”父母或老师也不要主动把琪琪的床位调整到锐锐旁边，让琪琪经历一次情感上的挫折，对琪琪的情感发展有好处。

你做对了吗

幸福美满的家庭生活需要用情感来维系，人类应当具备经营两性情感的能力。孩子在 6 岁前就能表现出经营两性情感的基本能力。

儿童和少年的爱情不包含性冲动，也没有物质欲望，他们真挚地体验着爱的情感。4~6 岁孩子的心理发展会经历一个“婚姻敏感期”，孩子们会对亲吻、恋爱、结婚的话题非常感兴趣。孩子们在过家家游戏中扮演丈夫、妻子、孩子等角色，体验成人世界的婚姻和家庭生活，但不会对某一个异性同伴产生至深至诚的爱恋之情。一些孩子会在“婚姻敏感期”开始了初恋，对异性小伙伴产生依恋之情。成人不可以否认、羞辱、讥讽、玩笑孩子的爱情，应当尊重孩子的爱情，帮助孩子顺利度过“婚姻敏感期”。

孩子有爱情的想法后，会单相思，会用自己的方式追求心仪的异性，去经历恋爱中的甜蜜、幸福和快乐，也会经历失恋带来的痛苦和孤独。这些都是孩子的情感体验，这些丰富的情感体验能让孩子的内心逐渐成熟和坚强。这就是爱情给孩子带来的成长。

第十章

咦，这是什么

巧妙应对那些让爸爸妈妈尴尬的时刻

10.1 瞧，爸爸的玩具

妈妈，这个是什么啊？
？
天啊！我应该怎么办？
哦哦，是……安全套。
安全套，戴在哪里的？我也要戴！
是戴在爸爸身上的，那是爸爸玩的玩具。
琪琪不能玩。
那爸爸下次玩的时候给我看看吧！

琪琪要求看爸爸玩避孕套，妈妈可以这样回答琪琪：“嗯，好吧。”然后将避孕套收起来，用其他事物转移琪琪的注意力。

妈妈将避孕套放在琪琪触及不到的地方，避免再次发生这样的事情。

如果琪琪和小伙伴玩避孕套，妈妈不要轻易打断孩子们的游戏，更不要怒气冲冲地命令孩子交出避孕套。父母应当冷静观察，待孩子们的注意力转移到其他事物上，再及时收走避孕套。

10.2 妈妈的纸尿裤

妈妈，这是干什么用的?
这个，这个是妈妈的纸尿裤。

妈妈晚上也会尿床吗?
不是的……是妈妈特殊时期用的，妈妈身体里有脏东西的时候用……
我们家还有这么不爱干净的人，身体里有脏东西也不洗澡!
好好玩哦!
背面还有胶呢!
回到家

爸爸妈妈快看!
可以贴在墙上呢!

当孩子没有问及月经的话题时，妈妈不要主动让孩子看到月经，也不需要对孩子主动谈及月经的事情，坚持“有问才答”的原则。

如果孩子无意间发现带血迹的卫生巾，担心地问妈妈：“妈妈的屁股为什么会流血？”或“妈妈的身体什么地方出血了？”妈妈要坚持“孩子问什么就回答什么，答案简洁明了”。妈妈可以平静地告诉孩子：“女人每个月都会有几天屁股流血，这是女人身体健康的信号，宝贝不要担心，妈妈没有受伤，也没有得病。”

如果妈妈在讲解月经中提到“生理期、子宫、内膜脱落出血、激素、你在妈妈子宫中长大”这些概念，已经超出了孩子的认知能力，让孩子产生了更多的困惑，却没有解决孩子当下的问题。

在回答月经问题时，要把握两个原则：一是要把妈妈的健康作为答案的中心，让孩子知道妈妈的身体是健康的就可以了；二是不可以超前教育，不需要向年幼的孩子讲解更多，因为孩子的认知能力还不能够了解有关月经的更多细节。

妈妈不要责备孩子，和孩子们一起收拾好卫生巾。以此为经验，以后买回家的卫生巾要立即收拾好，放在孩子不容易拿到的地方。

最后，妈妈在面对这类问题时，要用正面积极的方式回答，让孩子感受到温馨与爱，而不是恐惧和不安。

10.3 买片卫生巾去打球

因为认知能力有限，嘟嘟错误地理解了卫生巾的用途，闹出了笑话。成年人不需要纠正孩子这一类错误的认知，超过孩子认知能力的解释只会让孩子提前探索性，带来更多的迷惑。

关于卫生巾的用途，父母不可以提前唤醒。提前唤醒是指在教育中，成人为孩子提供的性健康教育内容超出了孩子年龄阶段的认知和探索，让孩子提前探索下一个年龄阶段才感兴趣的性知识或性活动。提前唤醒破坏了孩子正常的性心理发展轨迹，这是在性健康教育中要尽力避免的，教育如果不尊重孩子的心理和年龄认知发展，给孩子带来的只能是破坏。

在性健康教育中，我们要“跟着孩子的步伐走”，而不能够超过孩子的求知速度。“跟着孩子的步伐”意味着跟着孩子对性的探索进度，当孩子的探索到了某个程度时，他们会对这个探索点提出自己的困惑，这个时候我们才能够进行这个知识点的讲解，帮助孩子解除困惑。这是性健康教育科学性的具体体现。

10.4 宝宝就是它们爱出来的结果

一些孩子看到动物交配问父母："它们在做什么？"如果换来父母一顿打骂，会让孩子感到委屈和无助。在孩子的认知里，交配没有一点猥琐的成分，而将其与爱和生命繁殖联系在一起，父母应当怀着和孩子一样纯洁的心态，坦然地向孩子解释交配。

动物的性活动因为不回避人类，所以孩子可能经常会看见。当孩子看到动物的性行为时，他们并不清楚两只狗狗在进行性活动，希望父母像解释其他问题一样给自己一个答案。然而，有些父母在遇到孩子此类问题的时候，由于对性是不健康的羞耻感，选择回避孩子的问题，或者莫名其妙地打孩子。其实，父母只要回答孩子"它们在玩"或者"两只狗狗在互相表达爱"，让孩子知道这个行为的答案，他们就不会再追问了。

每个妈妈应对回答孩子问题时都有自己的方式，根据孩子的认知能力和家庭的文化背景，采用不一样的方式帮助孩子。我们没有一个标准的答案来应对孩子千姿百态的问题，但我们有一个永恒不变的原则，那就是不可以欺骗孩子，不可以因为孩子提出这样的问题而打骂他们。

10.5 狗狗为什么有那么多“小鸡鸡”

孩子对大千世界充满了好奇和探索欲，不能因为探索的对象是性，父母就阻止或者打骂批评，这么做只能让孩子错误地理解性，认为性是不好的、羞耻的。爸爸可以直接告诉琪琪和嘟嘟："那不是狗狗的'小鸡鸡'，是狗狗的乳房，狗妈妈刚生了小狗，给小狗喂奶的乳房。"

父母可以这样来做：

第一，加入孩子的研究中，买一些关于动物知识的书，利用身边的小动物，给孩子讲解动物身体的结构，动物的眼睛、鼻子、脊柱、尾巴、生殖器等是如何构成的，利用孩子的兴趣扩展知识面。

第二，满足孩子对人体的好奇，顺应孩子性心理的发展，与孩子一起洗澡。他对谁的身体感兴趣，谁就主动与孩子一起洗澡，让他看个够，他就不再好奇了。

第三，和孩子一起看适合孩子的儿童性健康教育读本，坦然地告诉孩子生殖器的结构以及回答孩子关于生殖器的问题。

第四，告诉孩子生殖器是每个人的秘密部位——不可以随便说出来，不可以随便给他人看、让他人摸的。这是帮助孩子建立保护身体隐私和界限的一个过程。

第五，耐心等待孩子度过这个时期。当孩子对一个事物的好奇心被满足后，他的兴趣就会转移到新的事物上。

10.6 猩猩的屁股为什么那么红

爸爸坦然而科学地回答了孩子们的提问，满足了孩子们的探索欲望，丰富了孩子们的知识。爸爸可以讲解一些有关猩猩的其他知识，例如猩猩的身体结构，猩猩的生活习惯，猩猩如何照顾自己的小宝宝等。父母对孩子有关性的提问回答时不拘泥于“性”，有助于孩子建立健康的性认知。

当孩子了解万事万物时，我们不需要刻意回避万物的性，孩子就会以自然的态度来了解世界。

父母回答孩子问题的态度比对孩子讲了什么更重要。父母诚实而坦然地回答孩子的问题，至少可以获得孩子的尊重和信赖，就像回答孩子提出的其他问题一样。父母越坦然，孩子就会认为这个问题与其他问题一样，没有什么特别的，孩子就不会对这类问题特别关注了。

10.7 不穿奶皮，羞羞羞

人体兼具美和隐私性，引导孩子建立对人体美的认识也是性健康教育的内容。父母经常对裸露身体的孩子说“羞羞！”“你真是不文明！”“你这样不乖！”这一类的话，会让孩子将身体与“羞”配对，认为身体是“羞耻的”，不利于孩子建构健康积极的人格。父母应当帮助孩子建立积极的身体认知，告诉孩子人体是大自然最杰出的作品。父母可以赞美孩子：“看！我们的宝宝多么强壮！”“看！我们的宝宝多美啊！”引导孩子从美的角度欣赏自己的身体。

父母可以告诉琪琪：“模特儿的‘咪咪’是很美的啊，但不可以这样暴露着，一定是售货员忘记给她穿上了，我们可以提醒一下售货员阿姨。”帮助孩子建立对身体有一种美感的意识。

家长不要用成人的道德来衡量儿童的行为。孩子道德发展滞后的原因是成人没有顺应孩子道德发展的进阶给予孩子适当的帮助。如果成人明白了孩子是因为道德进阶的发展滞后，就会采取弥补方式帮助孩子重新建构性道德，而不是采用成人的道德标准来评判孩子的行为。

10.8 让你亲个够

琪琪不理解亲吻的意义，爸爸妈妈可以平静而轻松地告诉琪琪：“他们两个人相爱了就亲吻。”用“爱”这个为孩子所熟悉的概念来解释亲吻的意义。故事里爸爸妈妈对亲吻的第一反应是“性”，自然对琪琪的提问感到措手不及。

和孩子一起看电视时，一旦出现男女亲吻、拥抱的镜头，一些父母就找借口支开孩子，或者用手蒙住孩子的眼睛，或者换频道，反倒引起孩子的好奇心，让孩子更加关注亲吻和拥抱的情节。

为了避免孩子通过电视等媒体接触更多的性信息，父母在看电视节目时要谨慎选择——什么节目可以和孩子一起看、什么节目要避开孩子看。此外，父母一定要藏好电脑里的情色视频和图片，不要让孩子看到，以免孩子提前进行性探索。

10.9 呀，电梯里有人在亲嘴

在日常生活中，当孩子们看到电视里表达两性相爱情感的镜头时，父母要么立即换频道，要么让孩子捂住眼睛，这些行为给孩子传递的信息是——两性相爱的情感是不能够被认可的，所以孩子不可以看；在父母难为的表情中，给孩子传递的信息是——这种情感表达是羞耻的。

中国传统文化中对“性”的不齿，将“爱的表达”也归于“性活动”，爱与性混为一谈，于是人们谈及爱时，会将含有性意味的行为与不健康的羞耻感联系在一起。成人将他们的认知和感受传递给了孩子，在耳濡目染下，孩子内心对于爱的理解已经被扭曲了。

当发现孩子对成人的亲吻感兴趣时，爸爸可以告诉孩子：“他们在相爱，我们先离开吧！”用爱来解释成人的亲吻，有利于帮助孩子正面地理解和建构人际关系。父母可以告诉 5 岁左右的孩子：“不应该在公共场所亲吻，应该在自己的家里亲吻，亲吻是秘密的事情。”两性情感的表达应该有空间上的限制，只有这样才会获得人们的尊重。

10.10 咦？亲吻就是结婚

琪琪好奇成年人的行为，妈妈的回答让琪琪将“结婚”和“亲嘴”进行了配对，误以为亲嘴就是结婚的标志。孩子在认知成年人行为的时候，父母的回答应该准确。这种情况下，妈妈可以这样回答琪琪：“因为他们相爱，所以会亲嘴。”琪琪就不会误解了。

10.11 爸爸不要打妈妈呀

这个时候，爸爸妈妈要立即穿好衣服，安抚孩子的情绪，冷静地回答孩子提出的问题。可以告诉孩子：“爸爸妈妈有时候会通过身体的接触来表达爱意。我们不是在打架，你不用担心和害怕。”

父母不可以在有孩子的房间里做爱，不论孩子是否睡着。父母在自己的房间里做爱时一定要锁好房门。孩子看到父母做爱的时候，很可能会受到隐形的性伤害。他们误认为爸爸在对妈妈进行暴力行为，担心这样的暴力行为会落到自己身上。父母应当以安抚孩子的情绪为主，不要向孩子讲解性爱的细节。

孩子一旦看到父母做爱就会心生恐惧——父母赤身裸体“扭打”的“暴力”场景、母亲痛苦的呼喊，让孩子担心这样的暴力会落在自己身上，担心妈妈再次经历这样的恐怖事件。这种痛苦的经历，还会提前唤醒孩子对两性性活动的细节探索，破坏孩子性心理的发展轨迹，导致孩子性心理早熟，大大增加了成人对孩子进行性健康教育的难度。

此外，在孩子面前，父母可以用亲吻、拥抱等方式表达爱意，一旦亲吻和拥抱产生性冲动或者性情绪，就要立即回避孩子。表达爱意的亲吻和拥抱，可以帮助孩子学习经营两性情感的人际方式，但表达“性”的亲吻和拥抱则不利于孩子的性心理正常发展。

你做对了吗

孩子玩避孕套，研究妈妈的卫生巾，观察动物的交配行为，看到父母做爱，在父母的电脑里发现了色情视频，看到电视节目里两性亲密的举动，突然发问“他们在干什么？”……父母该如何应对这些尴尬的时刻呢？

无论遇到哪种情况，父母都不要恼羞成怒而责备和打骂孩子，这会让孩子感觉很无助，同时大大刺激了孩子探索与性有关的事物的兴致。

父母要平静地回答孩子提出的问题，不要遮遮掩掩，给予的答案要符合孩子的认知能力。孩子问什么，就回答什么，不要过多地向孩子讲解性活动的细节。

父母先摆正自己的心态，不要谈“性”色变。孩子对性的好奇不带丝毫猥琐的成分，他们只是好奇和不解。

对于成人或者小动物的有关性行为，父母应怀着和孩子一样纯净的心态看待性问题，向孩子传递健康、正面的性信息。

父母要时刻警醒自己，杜绝提前唤醒孩子性探索的事情再次发生。例如做爱时锁好门，避孕套藏到孩子触及不到的地方，电脑里的视频加密，给电脑装上安全软件以避免色情网站闯入孩子的视野……

父母要以身作则，不在孩子面前做有性冲动的亲昵动作，只有这样，孩子才能够正确地理解性的隐私性和空间上的限制性，引导孩子建构正确的性观念。

出版后记

2011 年的夏天，凤凰雪漫编辑团队很荣幸地跟胡萍老师签了这本幼儿性健康教育绘本的选题。同时，在我的手机里静静地躺着一个人的名字“熊顿——项瑶”。此时此刻，不知道该如何讲述她和我们之间的缘分。

胡萍老师本人非常喜欢涂老鸦（另一个笔名猫小乐）的《小老爷们儿那些事儿》，希望这个绘本也是类似的风格，而且最好是女画手，毕竟是性健康教育绘本嘛，女性之间好沟通。接下来我们光找画手就用了三四个月的时间，都有些心慌了——到底找谁画？

后来，一位画手建议说：作者喜欢谁的画风，你就找谁画嘛！这样大海捞针什么时候是个头！

画风像涂老鸦，又是女的，我们第一个想到的就是熊顿。她是涂老鸦的徒弟，出版过《熟女成长日志》，里面讲了不少有关成长与性的内容。我跟胡萍老师说：“老师，涂老鸦向我推荐了她的女徒弟熊顿。可惜她在养病。”我把熊顿《熟女成长日志》里的几幅图发给胡萍老师。胡萍老师非常喜欢。我们总编辑看了那几幅画点点头说：“就她吧！”

怕熊顿的病情影响出版进度，我再三向熊顿确认“你的身体允许画画吗？真的允许吗？”熊顿都说没问题。就这样，我们签约了。我第一次给她打电话，没想到电话那头传来一个特别有女人味的声音。

我大叫：“亲爱的，你怎么可以有这样的声音！”

熊顿不好意思地笑笑说：“那我该是什么样的声音？”

我说：“看你的作品还以为是个很爷们儿的女人呢。可你的声音好女人哦！”

当晚就看到她发我的QQ留言：人家说话一直都是这么女人的！（臭美的表情）

后来，熊顿趁在家休养时陆陆续续发来几篇画稿，同事们看了她的画，都说我找画手有眼光。

2月，我在网上看到了《滚蛋吧！肿瘤君》的连载漫画，被熊顿的坚强勇敢所打动。3月1日的上午，我看到网络上出现大量“80后女孩熊顿抗癌漫画日记”这一类的报道，嗤之以鼻道：“我去，这帮记者为了抢眼球乱说话，人家只是肿瘤好不好！乌鸦嘴！”我顺手给熊顿发了一条短信：晕，怎么有媒体报道“80后熊顿记录抗癌历程”，还好几家呢！

熊顿没多久给我回电话说：“可能之前没跟你说清楚，我就是淋巴癌……”后面的话我都没有听清楚，“癌”这个字像一块大大的石头砸在我的头顶，大脑里一片空白……

挂了电话，我开始责怪自己——一个关系很近的亲戚就是癌症患者，可我却很少关心她，从不去了解她的病情，以致连“肿瘤”和“癌症”之间的关系都搞不清楚。

和预料中的一样，熊顿交稿很慢，《亲亲孩子谈谈性》这本书在编辑工作进度表里一直是“等画手交稿”。甚至有人对我说：“熊顿有身体状况不是很好，你这个选题会不会流产？”可是我们坚信熊顿能画完，因为她说过这本书很有意义，她非常喜欢，一定要画完。怕熊顿误会我催稿，我一直没去探望她，约定等她身体好些了一起喝咖啡。

2011年

1月　我：亲爱的，太爱你！妈妈在海边追“小鸡鸡”的那张图，你画得太棒了，我看一次笑一次！熊顿：故事本身就很好玩嘛。

3月　我：看你的微博，我都觉得疼了。

熊顿：不会吧，我觉得很酷 yeah。

我：你个熊孩子。

5月　熊顿：明天住院，第二部分的画稿出院了发你。

我：行，身体要紧。

6月　我：熊，什么时候能给我第二部分和第三部分的画稿。

熊顿：这段时间一直在医院来回做检查，我真的说不好啥时候能给你。

我：哦。那你身体好的时候再画吧，别太慢就行。量力而行。

7月　（第一次）我：熊，天热小心中暑。最近身体如何？

熊顿：不是很好。只能靠吃吗啡止疼。

我：天啊，吃吗啡？会不会上瘾？你比我家亲戚严重多了。医生怎么说？我能为你做些什么？

熊顿：不清楚会不会上瘾。现在只能等下次 CT 报告出来才知道癌细胞的具体情况。你这么关心我，我已经很感动了。吃止疼药总昏昏沉沉的，拿不了画笔，画稿还得往后拖了。

我：了解。养好了身体再说。

7月 （第二次）我：亲爱的，看你的微博，白细胞4万！神气的熊孩子雄赳赳气昂昂地回来了！

熊顿：啵啵！前段日子你差点见不到我了。

我：怎么了？！

熊顿：医疗失误。我的白细胞明明升上去了，家附近的小医院设备不好，测出白细胞还是低，我就一直打升白针，打得我浑身上下哪儿都疼，吃什么药都不管用。晚上疼得没办法了，我就跑到阳台上大叫，跟狼嚎似的。后来去北京肿瘤医院，医生说再晚来一两天就会血管崩裂而死。

我：啊！你这遭了多大罪啊……（一想到差一点见不到熊了，喉咙里一阵哽咽说不出话来，眼眶瞬间湿润了。）

熊顿：唉，你也记住喽，以后看病还得去大医院。在小医院遭罪事小，小命保不住就惨了。

7月 （第三次）熊顿：我又要拖了，这两天骨穿刺、腰穿刺，必须平躺着不能下床。保证下周一给你，好不好。

我：说话算数哦。好好养病。

10月 （第一次）我：地主婆又来了。最后一部分了，辛苦你了。

熊顿：行，下周给你。

我：在网上看到采访你的新闻视频，看到你正在画咱们这个绘本呢。就是嘟嘟在幼儿园抓破丽丽屁股，丽丽的爸爸妈妈骂他小流氓的那个故事。

熊顿：嘿嘿，过段日子我去《鲁豫有约》做节目。

10月 （第二次）熊顿：有一个故事我没画。就是那个嘟嘟告诉妈妈“一看到漂亮阿姨的裙子，我的‘小鸡鸡’就站起来了。”

我：这个啊，你能不能发挥一下，表现得不那么直观。嘟嘟发现自己的“小鸡鸡”比别人短的故事，你用象鼻子表现就很好啊！

熊顿：“一看到漂亮阿姨的裙子我的‘小鸡鸡’就站起来。”这个故事太难表现了。而且，出现这种问题的小孩子毕竟是少数。

我：刚给胡萍老师打电话，她说不用画这个故事了。

熊顿：收到。

11月（第一次）我：熊，越看你的画越爱你。你画得太棒了！只有你才能画出胡萍老师想要的效果！

熊顿：我也很喜欢这些小故事。

我：能再画个封面吗？

熊顿：我这次状况很糟糕，肺部炎症天天吐血。不知道什么时候能出院。

我：吐血？安心养病要紧！

11月（第二次）我：亲爱的，在看你之前录的Flying high视频。一切都会好起来的。爱你！好好养病。（这是我给熊顿发的最后一条短信。）

2012年11月16日

在微博里看到了熊顿离世的消息，我无法接受，太突然了！熊顿那么年轻，那么坚强，那么有才华，给我们带来了那么多的正能量，却在我们凤凰雪漫少儿团队满怀激情地创作这个绘本时突然离开了！

2012年11月18日

没有想到和熊顿的第一次见面竟然是在她的葬礼上。艾米对我说：“把胳膊上的白花摘掉吧，熊顿不想看到大家难过。离开也是解脱，她不用再忍受病痛了。”

熊顿的版权律师王韵老师打来电话，希望这本书能推迟几个月出版，因为熊顿刚刚离世，新书上架必然少不了一些宣传活动，怕这样会让熊爸爸和熊妈妈再次陷入丧女之痛。我们理解，一定体谅和尊重两位老人的感受。

2013 年　春暖花开

在编辑们的眼里，嘟嘟和琪琪就是熊顿的一对好儿女。他们是熊顿未曾体验的妈妈梦的实现。“我愿用微笑为你赶走这个世界的阴霾。”熊顿走之前，为我们留下了这个绘本，一笔宝贵的精神财富，绘本给了家长更多的对孩子进行性健康教育的方式和方法，让父母更贴心地呵护孩子的成长，让更多的孩子能够“性”福一生。

熊，你看，我们的绘本出版了！你的孩子嘟嘟和琪琪多么讨人喜欢，你的正能量还在蓬勃迸发……